U0617842

BLUE BOOK

智 库 成 果 出 版 与 传 播 平 台

武术蓝皮书
BLUE BOOK OF WUSHU

中国武术产业发展报告（2021）

ANNUAL REPORT ON THE DEVELOPMENT OF WUSHU INDUSTRY IN CHINA (2021)

研　创 / 北京体育大学中国武术学院
北京体育大学中华民族传统体育研究院
主　编 / 马学智　张永宏
副主编 / 时　婧　卞　景　汪　楠

社会科学文献出版社
SOCIAL SCIENCES ACADEMIC PRESS (CHINA)

图书在版编目(CIP)数据

中国武术产业发展报告 . 2021/马学智,张永宏主
编 . -- 北京:社会科学文献出版社,2021. 12
(武术蓝皮书)
ISBN 978 - 7 - 5201 - 9359 - 7

Ⅰ. ①中… Ⅱ. ①马… ②张… Ⅲ. ①武术 - 体育产
业 - 产业发展 - 研究报告 - 中国 - 2021 Ⅳ. ①G852

中国版本图书馆 CIP 数据核字(2021)第 227968 号

武术蓝皮书

中国武术产业发展报告(2021)

主　　编／马学智　张永宏
副 主 编／时　婧　卞　景　汪　楠

出 版 人／王利民
组稿编辑／祝得彬
责任编辑／张　萍
文稿编辑／王红平
责任印制／王京美

出　　版／社会科学文献出版社·当代世界出版分社 (010)59367004
　　　　　　地址:北京市北三环中路甲 29 号院华龙大厦　邮编:100029
　　　　　　网址:www. ssap. com. cn
发　　行／市场营销中心 (010)59367081　59367083
印　　装／天津千鹤文化传播有限公司

规　　格／开　本:787mm × 1092mm　1/16
　　　　　　印　张:13.25　字　数:200 千字
版　　次／2021 年 12 月第 1 版　2021 年 12 月第 1 次印刷
书　　号／ISBN 978 - 7 - 5201 - 9359 - 7
定　　价／168.00 元

本书如有印装质量问题,请与读者服务中心 (010 - 59367028)联系

《中国武术产业发展报告（2021）》
编委会

主编简介

马学智　体育学博士，北京体育大学中国武术学院教授、博士生导师，现任北京体育大学中国武术学院分党委书记、院长。主要研究方向为民族传统体育发展、民族传统体育历史与文化、民族传统体育竞赛与训练等。主持国家民委、科技部、国家体育总局等的各类横纵向科研项目10余项，发表（出版）学术论著30余篇（部）。

张永宏　哲学博士，北京体育大学中国武术学院讲师。主要研究方向为中国传统文化、中国武术产业、太极拳研究与推广等，已独立出版专著2部，在《哲学动态》《哲学与文化》《宗教学研究》等期刊上发表各类论文10余篇，主持和参与国家级、省部级课题近10项。

摘　要

本报告梳理了 20 世纪 80 年代中国武术产业自起步以来的发展过程，尤其关注 2019~2020 年中国武术产业的发展现状，记录了全国抗击新冠肺炎疫情前后中国武术产业的面貌，展望了疫情防控常态化时期中国武术产业发展的前景，尝试探索和寻找一条适合中国武术产业高质量发展的道路。

本报告认为，中国武术产业存在的市场化不足、产业意识薄弱、起步晚、体制机制不够顺畅、规范化与标准化欠佳、产品与服务供给不足、市场主体竞争力不强、开放合作程度不高、人才匮乏、产业结构不甚合理、发展规模小和水平低等缺点，将严重影响它的长远发展。尽管如此，在政策利好形势下，中国武术产业获得一定发展，尤其表现在异常活跃的武术竞赛和武术表演领域。太极拳健康工程的实施、武术段位制的推广、武术"六进"活动的开展，均为武术产业的长远发展奠定了基础。2019 年《武术产业发展规划（2019—2025 年）》出台之后，武术产业市场更为活跃。

2020 年新冠肺炎疫情打乱了武术产业的总体发展节奏，但是随着中国抗击疫情取得阶段性胜利，各行各业复工复产，从第三季度开始武术赛事和展演活动逐渐恢复，武术产品和服务的消费市场日渐活跃，尤其是数字时代的互联网技术催生了新的消费内容与消费方式，武术产业对经济的贡献值日渐提升，为 2021 年疫情防控常态化时期的武术产业发展奠定了坚实的市场和消费基础，开辟了广阔的发展前景。

2021 年是"十四五"开局之年，也是中国武术产业在疫情防控常态化时期抓住机遇、迎接挑战、实现增长创收的重要年份。我们应当从政策引

导、体制改革、积极的财政政策扶持、投融资环境改善、产品研发力度加大、服务水平提高、结构调整加快、"互联网＋武术"融合发展等方面进行全方位改革创新，为拉动武术产业消费，激发武术产业发展活力，弘扬武术传统文化，助力健康中国、体育强国战略的实施做出重要贡献。

关键词： 武术产业　健康中国　体育强国

目 录 ▶▷▨▨▨▨

Ⅰ 总报告

Ⅱ 分报告

Ⅲ 专题篇

Ⅳ 案例篇

Ⅴ 附录

皮书数据库阅读**使用指南**

总 报 告

General Report

B.1

新冠肺炎疫情下中国武术产业的发展

马学智　张永宏*

摘　要：　本报告主要描述2019～2020年中国武术产业在武术竞赛表演、武术企业、武术社会组织、武术文化建设、太极拳健康工程建设、武术段位制推广等方面的发展现状。通过历史溯源、实地调研与统计数据分析，本报告认为尽管中国武术产业起步较晚，但是发展较快，在2019年《武术产业发展规划（2019—2025年）》颁布之前已经取得一定的发展。尽管2020年新冠肺炎疫情打乱了武术产业的总体发展节奏，但基于"互联网＋武术"的内在消费驱动，武术产品及其服务营商环境发生了新变化，为武术产业结构调整、能级提升提供了条件。从2020年第三季度开始，随着抗击疫情取得阶段性胜

---

* 马学智，体育学博士，北京体育大学中国武术学院教授、博士生导师，研究方向为民族传统体育发展、民族传统体育历史与文化、民族传统体育竞赛与训练等；张永宏，哲学博士，北京体育大学中国武术学院讲师，研究方向为中国传统文化、中国武术产业、太极拳研究与推广等。

利，各行各业复工复产，武术赛事和展演活动逐渐恢复，武术产品与服务的消费市场日渐活跃，尤其是数字时代的互联网技术催生了新的消费内容与消费方式，武术产业对经济的贡献值日渐提升，为2021年疫情防控常态化时期的武术产业发展奠定了坚实的市场和消费基础，开辟了广阔的发展前景。

关键词：　武术产业　武术竞赛表演　武术产品与服务　"互联网＋武术"

2016年7月13日，国家体育总局发布《体育产业发展"十三五"规划》，提出实现体育产业总规模超过3万亿元，产业增加值在国内生产总值中比重达到1%的发展目标。2019年7月18日，国家体育总局、外交部、国家发展改革委、教育部、财政部、文化和旅游部等14部委联合印发《武术产业发展规划（2019—2025年）》，分析了中国武术产业发展的基础与面临的形势，提出了武术产业发展的总体要求，在完善项目体系、做强竞赛表演、培育市场主体、丰富市场供给、提升产业能级、推动开放合作、弘扬武术文化等7个方面提出具体任务要求，为普及推广武术项目、加快武术产业发展提供了重要的政策依据与产业指导。2019年9月2日，国务院办公厅发布《体育强国建设纲要》，提出到2020年，建立与全面建成小康社会相适应的体育发展新机制；到2035年，体育治理体系和治理能力实现现代化，全民健身更亲民、更便利、更普及，竞技体育综合实力和国际影响力大幅提升，体育产业成为国民经济支柱性产业，体育文化的感召力、影响力、凝聚力不断提高；到2050年，全面建成社会主义现代化体育强国。然而，面对突如其来的新冠肺炎疫情，2020年中国武术产业陷入困境之中：大量竞赛表演活动被取消，人们对武术产品与服务的消费意愿降低，武术产业市场萎缩，武术段位制推广工作一度停滞，武术事业的制度改革与武术产业的结构调整陷入停顿，武术文化交流（尤其是武术"走出去"）陷入进退维谷的窘况。尽管如此，随着党领导全国人民取得抗击疫情的阶段性胜利，特别是进入疫情防控常态化时期以来，在各行各业复工复产和构建双循环新发展格局的大环境之下，武术产业在弘扬中华体育精神、加强公共服务供给、提升产业能级、调整产业结构等方面进行了卓有成效的探索，为疫情防控常态化时期中国武术产业的长足发展与繁荣奠定了市场基础、积累了发展经验、积蓄了精神力量。

一 中国武术产业概述

中国武术是中华优秀传统文化的重要组成部分，历史悠久、博大精深、影响深远，时至今日仍然发挥着重要的社会作用，承担着至为关键的文化功能。与此同时，中国武术还具有商品属性，武术产品与服务消费成为人民满足生活需要、提升生活品质的重要方式，武术产业拥有广阔的发展前景，在当代中国经济生活中扮演着一定的角色。2019 年，国家体育总局等 14 部委联合印发《武术产业发展规划（2019—2025 年)》，对"武术产业"进行了明晰的概念界定："武术产业是以武术运动为载体，以参与体验和教育为主要形式，以促进身心健康和传承中华传统文化为主要目的，向大众提供相关健身休闲产品和服务的一系列经济活动的总称。"从广义的角度而言，武术产业包括与武术运动有关的一切经济活动，其中武术物质产品和武术服务产品的生产、经营构成了武术产业的主要内容。从狭义的角度而言，武术产业特指武术服务业，包括武术竞赛表演、技术培训、健身养生、咨询服务、文化旅游、影视传媒等。

早在春秋战国时期，武术的古老形式——角抵（角力）就成为宫廷娱乐的重要内容，具有竞技与表演的性质。唐朝时期的剑器舞达到了武术艺术表演的高峰。宋代的瓦舍勾栏成为各种商业性演出的重要场所，带有武术色彩的歌舞、踢弄（杂技）、相扑经常在这里上演，有时还举行热闹的意在获得锦标的擂台比赛，成为今日商业性竞技类武术的滥觞。① 新中国成立初期的武术展演活动，尤其是 1974 年中国武术代表团访美的表演更多地发挥了

---

① 刘如强：《中国古代打擂文化研究》，《体育研究与教育》2015 年第 2 期，第 82~85 页。

民间文化交流与外交的作用。20 世纪六七十年代的港台武侠影视剧，特别是 1982 年电影《少林寺》的热播，掀起了拍摄中国武侠题材影视作品的高潮，武术产业获得突破性发展。20 世纪八九十年代，武术散打项目的市场化探索取得了一定的成绩，为武术产业开辟了巨大的商业空间。2000 年，国武时代精心打造"散打王"品牌，在武术产业化发展方面获得了巨大的成功。2004 年，河南卫视推出以武术搏击比赛为主题的《武林风》，整合武术与传媒优势资源，融武术、竞技、娱乐于一体，探索商业化运作模式，取得了辉煌业绩。2013 年，昆尚传媒推出"昆仑决"品牌，面向全球组织世界性自由搏击赛事，为中国武术产业的国际化做出重要贡献。

1995 年 6 月 16 日，国家体委曾下发《体育产业发展纲要》，提出到 2010 年建成适合社会主义市场经济体制、符合现代体育运动规律、门类齐全、结构合理、规范发展的体育产业体系。2014 年 10 月 20 日，国务院印发《关于加快发展体育产业促进体育消费的若干意见》（国发〔2014〕46 号），鼓励社会力量参与市场，吸收社会资本进入体育产业领域，完善体育设施，丰富体育赛事，发展包括武术在内的健身休闲项目，做大做强体育企业。据统计，2014 年全国体育及相关产业总规模达 13574.71 亿元，实现增加值 4040.98 亿元，占当年 GDP 的 0.64%。① 2016 年 10 月 28 日，国务院办公厅印发《关于加快发展健身休闲产业的指导意见》，提出完善健身休闲服务体系，促进产业互动融合，助力"健康中国"建设。由于武术具有强身健体、防身自卫、艺术审美、道德提升等特性，该文件的出台非常有利于武术事业和武术产业的长远发展。2018 年 12 月 21 日，国务院办公厅印发《关于加快发展体育竞赛表演产业的指导意见》，坚持市场驱动与融合发展，引导扶持包括武术在内的业余精品赛事，促进体育竞赛与文化表演互动融合，打造武术、龙舟等具有民族特色的体育竞赛表演品牌。经核算，2018 年全国体育产业总规模（总产出）为 26579 亿元，增加值为 10078 亿元，体

---

① 《2014 年全国体育及相关产业总规模达 13574.71 亿元》，中国政府网，2015 年 12 月 28 日，http：//www.gov.cn/201512/5042763.htm，最后访问日期：2021 年 5 月 20 日。

育产业增加值占国内生产总值的比重达到 1.1%。[1]

据统计，2019 年全国体育产业总规模（总产出）为 29483 亿元，增加值为 11248 亿元。从名义增长看，总产出比 2018 年增长 10.9%，增加值增长 11.6%。[2] 其中，武术产业做出了一定的贡献。

2020 年，突袭而至的新冠肺炎疫情席卷全球，包括武术产业在内的中国体育产业一度陷入困境，经受严峻考验。尽管如此，挑战与机遇并存，疫情防控时期，大众居家健身所带动的智慧武术产品和线上武术服务得到一定程度的发展，各种线上武术比赛的开展如火如荼，开拓了"互联网＋武术"的产业前景，提升与优化了武术产业的能级与产业结构。随着中国抗击疫情取得阶段性胜利，从 2020 年第三季度开始，全国各地武术赛事、展演活动、段位制考评活动逐渐恢复，武术培训日渐活跃，为 2021 年武术产业发展带来新契机、新气象，疫情防控常态化时期的武术产业跃上新台阶、进入新时期。

二 2019~2020 年中国武术产业的发展成就与不足

（一）2019～2020 年中国武术产业的发展成就

截至 2019 年，我国体育产业总体水平大幅提升，产业规模不断扩大，全国体育产业总规模（总产出）为 29483 亿元，增加值为 11248 亿元。体育产业总规模和增加值的增速均高于同期 GDP 的增速。[3] 尽管 2020 年新冠肺

---

[1] 《2018 年全国体育产业总规模和增加值数据公告》，国家统计局网站，2020 年 1 月 20 日，http：//www.stats.gov.cn/tjsj/zxfb/202001/t20200120_1724122.html，最后访问日期：2021 年 5 月 22 日。

[2] 《2019 年全国体育产业总规模与增加值数据公告》，国家统计局网站，2020 年 12 月 31 日，http：//www.stats.gov.cn/tjsj/zxfb/202012/t20201231_1811943.html，最后访问日期：2021 年 5 月 20 日。

[3] 《2019 年全国体育产业总规模与增加值数据公告》，国家统计局网站，2020 年 12 月 31 日，http：//www.stats.gov.cn/tjsj/zxfb/202012/t20201231_1811943.html，最后访问日期：2021 年 5 月 20 日。

炎疫情打乱了包括武术产业在内的体育产业总体发展节奏，但是基于居家健身的内在驱动，武术相关产品及服务的需求旺盛，尤其是各种线上健身培训或交流活动更为火爆，为武术产业结构调整、能级提升提供了条件。从2020年第三季度开始，随着抗击疫情取得阶段性胜利，武术赛事和展演活动逐渐恢复，武术产品与服务的消费市场日渐活跃，尤其是数字时代的互联网技术催生了新的消费内容与消费方式，武术产业对经济的贡献值日渐提升。

1. 武术竞赛表演活动态势良好

2018年12月21日，国务院办公厅印发《关于加快发展体育竞赛表演产业的指导意见》，明确提出要引导扶持业余性武术精品赛事，促进武术竞赛与文化表演的互动融合。2019年7月18日，国家体育总局等14部委联合印发的《武术产业发展规划（2019—2025年）》明确指出，要通过发展职业武术、打造赛事品牌、培育表演市场等有效措施，做强做大武术竞赛表演。

据不完全统计，2019年举行的国际性武术赛事活动达42个。[①] 其中，由国际武术联合会、中国武术协会主办的第8届世界传统武术锦标赛与国际武术联合会主办的第15届世界武术锦标赛最为成功。2019年6月16～18日举行的第8届世界传统武术锦标赛吸引了来自48个国家和地区5300余人参加，重在以竞赛的形式推广群众性武术运动，培养多元化的全球武术人口，为武术运动的长远发展奠定了基础。2019年10月19～23日，来自102个国家和地区1100余名运动员、教练员、裁判员和其他相关人员参加第15届世界武术锦标赛，角逐44个项目的奖项，达到历届世界武术锦标赛的顶峰。在2019年举办的42个国际性武术赛事活动中，中国主办的赛事有30个，占比为71%，表明作为武术的发源地和武术人口集中的地域，中国依然是各类武术活动的主导者。从世界范围考虑，参与武术竞赛表演活动的人群以

---

① 数据整合自中国武术协会官网、国际武术联合会官网、新浪网、搜狐网、腾讯网等相关网络信息。

华人居多。从举办赛事活动的地区看，除中国之外的亚洲国家（马来西亚、新加坡、韩国、文莱）主办了 4 个活动，美洲国家（美国）主办了 3 个活动，欧洲国家（俄罗斯、法国）主办了 2 个活动，非洲国家（坦桑尼亚）主办了 1 个活动，大洋洲国家（澳大利亚）主办了 1 个活动，在某种程度上显示了武术在不同区域的流行与传播情况。①

从产业角度考量，大多数赛事活动收取标准不一且数额不高的参赛费用，这些费用的主要部分用于赛事奖励与运营，达不到创利效果。当然，举办相关赛事活动可以带动交通、餐饮、旅游等相关行业发展，属于这些赛事活动的产业溢出价值，可以提升赛事举办地的宏观经济效益。

2020 年第一、第二季度，受新冠肺炎疫情影响，包括武术在内的各项聚集性体育赛事活动基本被取消。人民群众居家健身促进了"互联网＋"的迅猛发展。网络太极拳大赛与武术展演交流活动异常火爆，在助力全民抗疫、增强信心、凝聚民力、弘扬武术精神等方面发挥了重要作用。随着国内抗击疫情取得阶段性胜利，特别是从 2020 年第三季度开始，"线上＋线下"的武术赛事活动与展演活动日渐频繁，带动了武术产业的复苏与发展。然而，从全球视角而言，2020 年国际性武术赛事几乎停滞，武术运动及其文化交流遭遇严重阻碍，武术产业在国际性竞赛表演方面的市场收益大为萎缩。

据不完全统计，在 2020 年举办的 57 个国际性武术赛事活动（包括原定举办而延期的）中，45 个活动采用网络形式举办（包括 2 个线上与线下相结合举办的赛事活动），占比为 79%。其中，原定于境外举办的 7 个赛事活动中，由于受疫情影响，美国新英格兰国际武术锦标赛改为线上形式举办，另外 5 个被迫延期，唯一得以如期举行的是第 35 届法国国际武术艺术节。其时，法国的疫情形势尚且不甚严峻。②

---

① 数据整合自中国武术协会官网、国际武术联合会官网、新浪网、搜狐网、腾讯网等相关网络信息。
② 数据整合自中国武术协会官网、国际武术联合会官网、新浪网、搜狐网、腾讯网、太极网等相关网络信息。

在 2020 年采用网络形式举办的 45 个国际性武术赛事活动中,全球太极拳网络大赛系列赛有 36 个,主办方为中国武术协会,承办方则为各地武术组织和社团。这些活动几乎全部为公益性质,旨在增强各国民众抗击疫情的信心,增进团结和交流,故而不收取任何费用。在突袭而至的疫情面前,全球武术爱好者积极参与这样的赛事活动,它们在政治、社会和精神层面上的溢出价值要远远大于赛事本身及其产业层面的经济价值。

从 2020 年第三季度开始,就国内赛事活动而言,各种形式的线下武术赛事活动逐渐活跃起来。据不完全统计,第三、第四季度省级及以上规模的活动有 120 多个;其中,7 月有 4 个、8 月有 18 个、9 月有 18 个、10 月猛增到 32 个、11 月有 31 个、12 月下降到 18 个。[1] 武术赛事活动在每月的数量分配方面大致与全国疫情防控的总体形势呈正相关,特别是中秋、国庆"双节"期间激增的旅游人数促进了跨县域乃至跨省域武术赛事活动的增长。

在网络形式的武术赛事活动方面,除了有官方色彩浓郁的中国武术协会主办的全球太极拳网络大赛系列赛事之外,民营性质的太极网主办了 2020 "红棉杯"第 6 届国际太极拳网络视频大赛和承办了 2020 首届"兰玲杯"世界太极拳网络大赛,获得了巨大成功。与此同时,太极网还积极参与组织针对国内习武群体的各种形式的太极拳网络赛事。据不完全统计,这样的网络武术赛事多于 17 个。[2] 在举办赛事活动的过程中,太极网积极寻求与各种企业集团合作,通过冠名的方式获得投资,而且以收取报名费、参赛费、广告费等方式开拓收益渠道,在支持赛事顺利进行的同时获取商业利润,推动"互联网+武术"融合产业繁荣发展。

由于超越了空间界限,虚拟网络形式的武术竞赛表演活动实现了运动员、裁判员、组织者、观众跨区域和跨时差的沟通与联系,在武术赛事活动

---

① 数据整合自中国武术协会与各地省级武术协会、太极拳协会官网与微信公众号,以及国家体育总局武术运动管理中心官网、各省级体育管理部门官网、新浪网、搜狐网、腾讯网、太极网等相关网络信息。

② 太极网,https://www.taiji.net.cn/,最后访问日期:2021 年 4 月 5 日。

与融媒体的结合方面进行了有益的探索，为今后武术产业的结构调整与发展开辟了新场域。

2. 武术产业市场主体日渐成熟

一般而言，武术产业市场主体包括以营利为目的的武术企业和非营利性质的武术社会组织。

中国的武术企业主要包括武术服装器材制造工厂、武术教育培训机构、武术竞技表演策划企业、武术出版与影视传媒公司、武术旅游服务机构、武术资讯整合与信息咨询公司等。其中，武术服装器材制造、武术教育培训等企业起步较早，在 20 世纪 80 年代就进入市场，开始产业化发展，比较出名的有河北定州宏达武术器材厂、定州永生武术器材厂，浙江温州市状元武术器械厂、龙泉宝剑厂等。20 世纪 90 年代又崛起了少林亨达武术器械厂、唐门体育武术器材公司、泰山体育产业集团等企业。2000 年以来，北京中鼎国际武术发展有限公司、北京大业亨通体育有限公司、河北奥鹏体育器材有限公司等武术企业表现不俗，而且呈现融合化发展趋势。在武术教育培训方面，河南登封少林塔沟武术学校与少林鹅坡武术学校、河南温县陈家沟太极拳功夫学校、山东郓城宋江武术学校、浙江平阳武校等武术教育培训机构起步较早、成绩突出、影响较广。20 世纪 90 年代以来，河北沧州盘古文武学校、浙江湖州清泉文武学校、山东淄博梓童山武术学校、广东佛山黄飞鸿国际文武学校等武术教育培训机构发展迅猛、表现不俗。20 世纪 90 年代，商业化、职业化的武术散打活动日渐活跃，策划散打比赛的机构逐渐发展出公司化运作模式。2000 年，由北京武奥科技开发有限公司、国家体育总局武术运动管理中心、北京嘉祥富源商贸有限公司共同出资组建了北京国武体育交流有限责任公司，注册资本 500 万元，获得"中国武术散打王争霸赛"20 年承办权，通过资本运作和商业化包装，采用竞技化与娱乐化相结合的形式，取得了巨大成功，开启了中国武术产业的新征程。此后不久，《武林风》、昆仑决等商业性、对抗性武术赛事节目和品牌也获得了巨大成功，产生了广泛影响。与此同时，主要提供武术文化交流与传播、武术题材影视拍摄、武术旅游、武术广告、武术信息咨询等服务的武术产业也获得了蓬勃

发展。

据不完全统计，通过"爱企查"企业信息查询平台搜索，截至 2020 年 12 月，全国范围内以"武术"为关键词命名的企业共 4820 家①，主要从事武术培训、武术赛事策划、武术文化交流等服务，从事武术服装器材生产的企业所占比例较小。以"太极拳""咏春拳""形意拳"等拳种为关键词命名的武术企业有 400 多家②，大部分提供武术教育培训服务。其中，2019 年、2020 年两年时间内新成立的武术企业共有 269 家③，增幅不甚显著，可能与 2020 年新冠肺炎疫情给武术产业带来的冲击有关。

这些武术企业的经营模式呈现多样化，日渐成熟，主要分为三类。第一类通过提供武术培训、演出、比赛、文化交流等活动而获得盈利，这是目前武术企业获得盈利的最重要方式，登记注册的企业数量也占绝大多数。第二类通过将武术与其他行业相结合以谋求发展，如武术器材制造、服装设计、影视传媒、出版物、医学等，这一类武术企业是科技创新与融合发展的主力，尽管做出了一定的成绩，但是体量不够大，未能充分彰显其潜在产业效应。第三类属于武术文化的衍生产业，如武术贸易、金融、房地产、健身休闲、武术康养、特色旅游等。从产业样态的内驱力而言，这一类企业属于房地产、旅游、金融等行业的拓展性企业，以武术文化为主体的特色小镇建设、"武术赛事 + 旅游"、武术康养等形式呈现。

中国的武术社会组织大多由社会人士自发成立，主要包括各种类型的武术协会、武术社团及武术基金会等，面向广大群众，组织武术练习、竞技展演、传承文化等活动，具有非营利性、非政府性以及相对独立性等特征。通过全国社会组织信用信息公示平台查询，截至 2020 年 12 月，以"武术"为关键词命名的社会组织共有 3536 个，其中社会团体有 2141 个、民办非企

---

① "爱企查"企业信息查询平台，https：//aiqicha.baidu.com，最后访问日期：2021 年 5 月 25 日。

② "爱企查"企业信息查询平台，https：//aiqicha.baidu.com，最后访问日期：2021 年 5 月 25 日。

③ "爱企查"企业信息查询平台，https：//aiqicha.baidu.com，最后访问日期：2021 年 5 月 25 日。

业单位有 1395 个。① 以"太极拳""咏春拳""形意拳""八卦掌""八极拳"等拳种名称查询，相关拳种社会组织有 2600 多个，其中，以"太极拳"命名的社会组织有 2236 个②，充分说明了太极拳练习人群的广大与各拳种社会组织分布不均。这些武术社会组织可以分为全国性、省级、市级、县级社会组织。相对而言，山东、河北、广东等武术大省拥有的武术社会组织数量较多，江苏、浙江等东部富庶省份的武术社会组织数量也较多，反映了武术具有地域性特征。在 2019 年、2020 年两年时间内新成立了 456 个武术社会组织，尽管占总体武术社会组织的比例不高，但是充分说明了武术社会组织正在全国范围内不断扩张、渗透，反映了各地的武术交流活动、武术练习者和爱好者正在逐渐增多。武术人口的增多培育了社会力量，形成了武术产品与服务的消费市场，对于武术产业的长远发展具有重要价值。

3. 太极拳健康工程建设稳步推进

早在 1995 年，国务院就颁布了《全民健身计划纲要》。此后国务院陆续印发《全民健身计划（2011—2015 年）》《全民健身计划（2016—2020 年)》等文件，要求"全民健身活动内容更加丰富"③，"扶持推广武术、太极拳、健身气功等民族民俗民间传统和乡村农味农趣运动项目"④。自 2014 年起，国家体育总局武术运动管理中心着手策划、论证，并实施了"太极拳健康工程"。2016 年，中共中央、国务院联合印发《"健康中国 2030"规划纲要》，明确提出要"广泛开展全民健身运动"，"大力发展群众喜闻乐见

---

① 全国社会组织信用信息公示平台，https://datasearch.chinanpo.gov.cn/gsxt/newList，最后访问日期：2021 年 5 月 28 日。
② 全国社会组织信用信息公示平台，https://datasearch.chinanpo.gov.cn/gsxt/newList，最后访问日期：2021 年 5 月 28 日。
③ 《国务院关于印发全民健身计划（2011—2015 年）的通知》，中国政府网，2011 年 2 月 24 日，http://www.gov.cn/zwgk/2011-02/24/content_1809557.htm，最后访问日期：2020 年 10 月 10 日。
④ 《国务院印发全民健身计划（2016—2020 年）》，新华网，2016 年 6 月 23 日，http://www.xinhuanet.com/politics/2016-06/23/c_129084100.htm，最后访问日期：2020 年 10 月 10 日。

的运动项目，鼓励开发适合不同人群、不同地域特点的特色运动项目，扶持推广太极拳、健身气功等民族民俗民间传统运动项目"，推动了太极拳健康工程的有效施行。①

2014 年，国家体育总局武术运动管理中心在河南省温县举办为期 3 天的全国武术太极拳公开赛，来自全国各地 118 支代表队 1510 名太极拳爱好者参加活动。在此基础上，自 2015 年以来，国家、省市、区县三级联动的全国太极拳公开赛系列赛逐步举办。通过以太极拳公开赛为代表的赛事平台，各组织积极推动太极拳国际竞技交流。目前，国家体育总局武术运动管理中心和中国武术协会重点打造了世界太极拳健康大会、中国·邯郸国际太极拳运动大会、中国·焦作国际太极拳交流大赛 3 个大型国际太极拳系列赛事品牌，同时积极扶持湖北武当山与四川峨眉山等地举办具有地方特色的太极活动，已经孵化成就了武当国际演武大会、中国四川峨眉山国际武术节等综合性武术盛会。这些品牌赛事的举办可以不断扩大太极拳的国际影响力，打造太极文化的世界品牌。

自 2016 年起，国家体育总局武术运动管理中心组织专家根据太极拳教学标准，编写了《太极拳健康指导手册》，为太极拳的普及推广做好基础性工作。同时，太极拳健康工程被列为国家体育总局武术研究院的重点课题，太极拳各流派技术得以被深入研究和梳理，标准化的太极拳技术体系正在或已经形成，满足大众需求、简单易学的一系列教材也陆续创编出来，对于普及推广太极拳运动、培育武术人口、弘扬中华武术文化和优秀传统文化均做出重要贡献。

在太极拳健康工程的组织网络建设方面，以中国武术协会为龙头，各省区市武协为主线，各县（市）、区武协为基点，以全国 100 个"武术之乡"为重点的发展模式基本形成，建立了全方位、立体式、上下联动的工作机制。这一发展模式和工作机制在社会体育指导员培训、武术段位制推广、太

---

① 《中共中央　国务院印发〈"健康中国 2030"规划纲要〉》，中国政府网，2016 年 10 月 25 日，http://www.gov.cn/xinwen/2016-10/25/content_5124174.htm，最后访问日期：2020 年 10 月 10 日。

极拳文化的宣传与推广方面发挥了重要作用，尤其在 2020 年上半年疫情防控时期居家健身活动的组织方面做出了巨大贡献。

截至 2020 年 12 月，太极拳健康工程第一阶段的"四个一"建设目标基本完成，即建立起了一个科学规范的技术体系（太极"八法五步"推广套路）、一个全面覆盖的组织网络（三级武术协会）、一个竞技交流的赛事平台（三级联动的太极拳公开赛）、一个普及推广的培训系统（三级太极拳培训班）。2020 年 12 月 17 日，太极拳被列入联合国教科文组织批准的《人类非物质文化遗产代表作名录》。在更好地服务全民健身事业和健康中国战略方面，在助益全球人民身心健康、构建人类卫生健康共同体方面，在促进中华文化与世界文明交流互鉴、构建人类命运共同体方面，太极拳将发挥更大作用。

4. 武术段位制推广日渐普及

1997 年 12 月 30 日，国家体委办公厅发布《关于下发〈中国武术段位制〉的通知》，武术段位制开始真正落地，启动实施。在 1998 年第一次武术段位授予仪式中，张文广、何福生、蔡龙云 3 人被中国武术协会授予九段段位，26 人被授予八段段位，82 人被授予七段段位。[①] 自 2011 年以来，国家体育总局武术运动管理中心相继印发《关于加快武术段位制标准化管理体系建设的通知》、《中国武术段位制》（2011 修订版）、《〈中国武术段位制〉管理办法》、《〈中国武术段位制〉技术考试办法（一至六段)》、《中国武术段位制指导员管理办法》、《中国武术段位制考评员管理办法》等文件，对段位等级、晋级和晋段标准、管理与考评、证书和徽章、服装、一至六段技术考试办法等进行了总体规定和细则说明。与此同时，出版"中国武术段位制系列教程"，全套教程共 27 种，其中理论教程 4 种、技术教程 23 种，有效推动了段位制的良性开展。2012 年，《关于进一步推动武术段位制标准化发展的通知》《中国武术协会武术段位制考试点的申报程序、职责和管理试行办法》正式确立了常规性"国考""省考""市县考"3 个层次的段位

---

① 国家体委：《中国武术段位制》，《中华武术》1998 年第 5 期，第 5～6 页。

制考试体系。2013 年，共有 157562 人考取了段位。①

2018 年，国家体育总局、中华全国体育总会发布《武术段位制推广十年规划（2014—2023）》，提出："从 2014 年开始，经过 10 年的推广，大幅提高武术段位制的社会知晓率和参与率。在国内，武术段位制考试点进学校、进社区、进乡镇、进企业、进机关、进军营，覆盖到 85% 以上的县区。同时，逐步在国际武术联合会会员组织和孔子学院中建立起考试点。"② 此后，武术"六进"活动逐步展开，取得了初步成果。

2017 年，国家体育总局武术运动管理中心、中国武术协会发布了《中国武术段位（七段）考试指导手册》《武术散打段位晋级考评手册》，两手册填补了七段无考试方案、段位制无散打教程的空白。2018 年，结合国家体育总局相关政策和近年来段位制发展情况，从便于广大习武者段位考取的角度出发中国武术协会等对《中国武术段位制》（2011 修订版）进行了修订，武术段位制更加趋于完善。截至 2019 年 3 月，全国中小学和高校实现武术段位制教程进课堂的比例大幅提升，国内具有武术段位的人数为 100 多万人。③ 海外武术段位制工作也在逐步推广，具有武术段位的海外武术人口数量逐渐增多。受新冠肺炎疫情影响，2020 年前两个季度，武术段位制推广工作一度停滞。自 2020 年第三季度以来，全国各地武术段位制考评工作陆续恢复，推广工作稳步推进。

5. 武术文化建设趋于繁荣

2017 年 1 月 25 日，中共中央办公厅、国务院办公厅印发《关于实施中华优秀传统文化传承发展工程的意见》，明确指出要深入挖掘中华优秀传统

---

① 《中心主任高小军：扎实推进武术段位制十年规划》，搜狐体育，2014 年 11 月 27 日，https://sports.sohu.com/20141127/n406445949.shtml，最后访问日期：2021 年 6 月 12 日。

② 《国家体育总局 中华全国体育总会关于印发〈武术段位制推广十年规划〉的通知》，中华全国体育总会网站，2018 年 12 月 4 日，http://www.sport.org.cn/search/system/gfxwj/jjty/2018/1204/194833.html，最后访问日期：2020 年 9 月 28 日。

③ 陈羽啸：《实行了 21 年的全国武术段位制修改升级，将管办分离！》，"封面新闻"百家号，2019 年 3 月 6 日，https://baijiahao.baidu.com/s?id=1627259255156480536&wfr=spider&for=pc，最后访问日期：2021 年 7 月 1 日。

文化价值内涵，进一步激发中华优秀传统文化的生机与活力。2019 年 9 月 2 日，国务院办公厅印发《体育强国建设纲要》，要求"加强优秀民族体育、民间体育、民俗体育的保护、推广和创新，推进传统体育项目文化的挖掘和整理"①。2020 年 10 月 15 日，中共中央办公厅、国务院办公厅联合印发《关于全面加强和改进新时代学校体育工作的意见》，要求认真梳理武术、摔跤、射艺、五禽操、舞龙舞狮等中华传统体育项目，因地制宜开展传统体育教学、训练、竞赛活动，并融入学校体育教学、训练、竞赛机制，形成中华传统体育项目竞赛体系，深入开展学校体育艺术教育弘扬中华优秀传统文化成果展示活动，让中华传统体育项目在校园绽放光彩。

在武术文化的传承保护方面，非物质文化遗产是一个重要的指标。截至 2014 年 7 月，国务院先后公布了四个批次的国家级非物质文化遗产代表性项目名录，传统武术项目共有 36 项被收入名录之中，包括少林功夫、武当武术、太极拳、咏春拳等代表性项目。2020 年 12 月 17 日，联合国教科文组织在牙买加首都金斯敦宣布将太极拳正式列入《人类非物质文化遗产代表作名录》。2021 年 6 月 10 日，国务院批准公布第五批国家级非物质文化遗产代表性项目名录，其中增加了无极拳、西凉掌（亳州晰扬掌）、巫家拳、莫家拳、青城武术、布依族武术等 11 个武术项目，充分表明各级党委和政府部门对武术文化传承的重视。显然，将武术项目列入非物质文化遗产名录有利于传承和保护武术遗产，弘扬和发展武术文化。

武术"六进"活动的开展对于武术文化的宣传也发挥了重要作用。2010 年 8 月，教育部与国家体育总局联合发文向全国中小学推广实施武术健身操，武术教育在各地开展得如火如荼，各地纷纷采取措施，促进武术进校园。尤其是在一些武术氛围浓厚、武术力量充足的地方，武术进校园已成为当地教育的特色。河北是武术大省，2019 年 3 月 22~24 日，河北相关部门举办了 2019 年河北省武术进校园武术交流赛暨精准扶贫赛，打造出"河

---

① 《国务院办公厅关于印发体育强国建设纲要的通知》，中国政府网，2019 年 9 月 2 日，http：//www. gov. cn/zhengce/content/2019 - 09/02/content_ 5426485. htm，最后访问日期：2020 年 10 月 21 日。

北武术＋精准扶贫＋武术进校园"的特色模式。这一模式将武术进校园与精准扶贫充分结合起来，既传播了武术文化，又推进了武术教育发展，还结合了扶贫工作，实现了扶贫工作的精准化对标，实现多赢的局面。

作为对外交往的重要形式，武术日益发挥重要作用。在"一带一路"倡议的框架之下，武术文化交流表现活跃，为中国和共建"一带一路"国家构筑起理解、合作与互信的桥梁，发挥了积极作用。2019年，焦作市委、市政府策划了"一带一路"太极行活动，此次活动的目的在于向共建"一带一路"国家宣传太极文化，用"走出去"的方式让国际友人真切体会太极文化的内涵。同年4月，北京体育大学武术表演团赴共建"一带一路"国家进行"三巡"演出，获得巨大成功，广受关注。2020年1月22日，印度第三届全国青少年运动会闭幕式演出活动在阿萨姆邦首府古瓦哈蒂市正式拉开帷幕。国家体育总局武术运动管理中心和北京体育大学中国武术学院组织联合代表队，参演"东方武韵"和"武动乾坤"两个章目，展现了中华武术文化的独特魅力，产生了轰动效应。

（二）2019～2020年中国武术产业发展的不足

尽管2019～2020年中国武术产业取得了一定成就，但是由于武术产业整体规模不大，产业体系不够完善，武术竞赛表演活动的市场化、产业化发展不甚成熟，产业结构有待进一步优化。武术企业的管理运营模式滞后，武术社会组织的自我建设落后，区域发展不平衡，武术人口所具有的产业基础仍然存在薄弱环节，太极拳健康工程的实施效果尚未显现，武术段位制推广工作仍未形成规模效应，武术产品与服务的消费相较于其他体育门类而言所占比重仍然不大，特别是2020年受突如其来的新冠肺炎疫情的影响，大量赛事和会演活动被取消，武术产业的投融资陷入困顿，武术休闲旅游业也遭受打击，武术文化交流的空间严重萎缩，使得2019～2020年的中国武术产业发展存在一定不足。

1. 武术竞赛表演活动的市场化、产业化发展滞后

一是武术竞赛表演活动市场化、产业化的理念落后，经营方式有待改

善。主要表现为管理理念较为传统，经营模式较为僵化，未能开展前期市场调研，未能精准定位潜在目标消费人群，未能充分调动参与人群的积极性和主动性，未能充分挖掘武术赛事活动的潜在商业价值，未能实现市场优化培育与产业结构最优调整，竞赛表演活动的资本化运作体量不大，运作模式较为缺乏精致化操作，等等。

二是武术竞赛表演活动市场化、产业化的社会基础较为薄弱。当前，无论是竞赛表演的组织者、参与者，还是赞助商，均以中国人或旅居海外的华人群体为主，非华裔人群习武的数量仍然不多。与此同时，官方主导的武术赛事活动影响较大，具有民间色彩的武术赛事活动处于辅助地位。这些现象不利于武术竞赛表演活动市场环境的优化，也不利于产业化发展。

三是疫情防控常态化给武术竞赛表演活动带来新的挑战。2020年新冠肺炎疫情突袭而至，包括武术竞赛表演活动在内的各项体育运动项目均受到限制，与之相关的产业发展一度陷入困境。"互联网＋武术"成为武术产业发展的新业态，但是在充分整合互联网资源与武术产业资源方面，在积极探索"互联网＋武术"融合发展的新模式方面，仍然存在观念落后、创新模式不足等现象，构建"智慧武术"网络和平台的基础仍然薄弱，提升武术产业能级尚且乏力。

2. 武术产业市场主体创新不足，武术社会组织自身建设有待加强

一是武术企业的业态效能未能充分发挥。由于我国武术产业起步较晚，武术企业对于市场的经营运作还很不成熟，在规模、结构、产业化程度上同国内其他行业相比，处于弱势地位。武术产业的发展氛围比较差、基础薄弱、空间狭小，市场价值并没有得到充分的挖掘。武术企业整体运作的规模小，缺乏品牌，高科技没有得到广泛应用，利润不够丰盈，难以取得可观的经济效益。武术用品制造企业作为武术产业的基础，起步较晚，同国内外知名体育用品制造企业相比，仍存在很多薄弱环节，比如规模狭小、产品单一、营销理念落后、品牌建设落后、经营绩效偏低等，这些均制约着企业的发展规模。武术产业缺乏全面系统的法律、法规制度保障，存在经济漏洞，制约了武术企业的市场规模。武术产业化水平参差不齐，许多经营行为不规

范，损害了消费者的权益。

二是武术企业缺乏对一流人才的吸引力，产业部门优秀的经营管理人才严重不足。当前武术市场缺乏一批既懂武术又懂市场，知识结构全面、综合能力强且具人格魅力的企业家，同时也缺乏有高超营销技能的促销人员队伍。目前我国武术经营人才多数来自体育院校，缺乏较为全面系统的市场经济意识与现代管理知识，对于武术产业的认识也较为肤浅，经营人才素质有待进一步提高。

三是武术产品与服务的标准化不足，制约产业发展。在武术器材、服装方面，由于缺乏统一的标准，没有突出的品牌，全国各地的武术练习者使用的武术器材和服装各式各样的都有，因此对每一个品种的需求量就不多，这不利于企业的大规模生产，限制了行业的发展。

3. 太极拳健康工程的实施效果尚未显现

一是太极拳技术体系尚未成形，规范化不足。由于地域性与历史性原因，在太极拳传承发展过程中形成了陈式、杨式、武式、吴式、孙式、李式、和式、王式等不同流派，各流派内部又有不同风格，导致太极拳技术标准难以统一，规范化不足，在核心技术方面，各流派与各支派之间存在一定的争议，不利于太极拳技术体系的统一，阻碍太极拳推广普及工作的顺畅实施。

二是太极拳公共服务体系尚未建立，制度保障不力。太极拳健康工程的顺利实施，急需足以支撑其正常运行的基本公共服务体系。尽管太极拳"六进"（进学校、进社区、进乡镇、进企业、进机关、进军营）工作已经在各地如火如荼地开展，但是存在城乡差异与东西不均等现象，太极拳辅导站在"六进"各个领域的发展也不平衡。太极拳社会体育指导员的培训工作有所滞后，同时也存在地区差异，指导员的技术水平也参差不齐，与形成点线结合、覆盖面广的太极拳健康服务网络尚且有很大差距。与此同时，在不同类型、不同年龄太极拳练习人群方面，也未能做到精准化对待，尤其是对在老年人群中太极拳的推广普及未能做到个性化管理，不能满足老年人群对太极拳学习的需求。

三是未能打造与太极拳健康工程对接的群众性赛事品牌，品牌效应尚未凸显。太极拳健康工程是落实全民健身、健康中国战略的重要举措之一，是社会体育和群众武术运动的重要抓手。充分利用太极拳的文化资源优势，举办全国三级联动的太极拳公开赛、邀请赛，打造接地气的太极拳大众赛事品牌，具有重要的价值和意义。然而，当前群众性太极拳赛事仍然各自为战，低水平重复，难以有效整合资源，形成县级、省级乃至全国联动的精品赛事活动，未能发挥太极拳在凝聚民族精神、整合社会力量、传递正能量、弘扬中华优秀传统文化方面的重要作用。

4. 武术段位制有待进一步推广

一是武术段位制的标准化程度不高。不同考评形式的规范性存在较大差异，全国武术段位制考试较为正规，而各省区市的武术段位制考试在形式上差异较大，规范性有待提升；获得相同段位者之间存在技术水平高低的差异，获得一定段位的最低标准和最高标准之间没有明确的界限，一些没有系列教程的拳种考评内容由考评委员会临时确定，无法做到统一标准，公信力有待提升；对于考段人员的服装、器材、护具等没有明确说明，参加考试的选手所穿服装的样式、服装厂家不统一，器械的质量、长短、轻重等不统一，有违考试的公平原则。

二是武术段位制考核中武术技击属性凸显不够。武术的核心属性是技击，目前武术段位制考评中将武术套路、散打分开，只会其中一种就能考段，同时缺少功法考试，造成武术套路脱离实战，强化身体的功能被削弱，失去武术"练打结合"[①] 的特点，无法全面评价习武者的武术水平。

三是武术段位制的传播和宣传力度不大。部分地区高校和经济发达区域对武术等级评定较为重视，但很多区域对武术段位制的重视程度不高，对段位制推行的重要性认识不足，在管理体系和评定机构建设等方面还有一定的欠缺。部分地区主要依赖各社区武术协会和武术业余培训机构，推广形式有

---

① 高景昱、徐亮、刘永生：《武术段位制技术考评内容的思考——基于突出武术"练打结合"的视角》，《武术研究》2019 年第 10 期，第 65～68 页。

待多样化。价值取向不同、含金量不足、师资不足、缺乏合理的激发学生兴趣的教学方法、没有形成可复制的教学体系等也是制约武术段位制推广的重要因素。

5. 武术文化发展的创新乏力

一是武术项目的功效定位不明确，过于笼统。随着太极拳被联合国教科文组织认定为人类非物质文化遗产，武术的社会性和世界性关注度也越来越高。目前武术的发展态势较好，传承人培训的开展也是如火如荼，为武术产业的发展提供了较大的空间。但是，武术由于自身的项目特征，难以得到有效的历史文化梳理与产业资源整合，功效定位不明确，影响了武术文化的发展，制约了武术产业的发展。

二是群众性赛事活动存在地域性、封闭性特征。得益于国家政策的支持和鼓励，大众武术和学校武术近年来发展迅猛，已经形成数量庞大的练习人群，为武术产业的发展提供了可观的消费群体。然而，目前高规格、高规范的赛事活动较少，官方性质的竞技赛事较多，面向广大群众的社会性的专门赛事和全国赛事较少，省级以下群众性赛事活动存在发展的地域性和封闭性特征，省域之间的赛事交流互动较少，缺乏武术文化的广泛深入交流，长期处于低水平重复的境况之中。

三是我国武术企业的文化发展缺乏创新。由于当前我国武术企业体量不大、规模较小、产品落后、创利不丰，企业文化的创新发展受到严重影响。武术企业制度的市场化不足，管理模式无法摆脱旧思维、旧模式，难以调动武术企业管理人员与其他从业人员的积极性、主动性，在继承优秀传统武术文化方面，在积极吸收高科技成果方面，在武术企业的产品、服务、管理的文化形态方面，存在认识不足、动力不够、创新乏力等问题。武术企业文化缺乏创新成为当前武术产业发展的瓶颈，这一问题已经导致武术产业失去适应社会发展的"与时性"与"创新性"，给武术产业的持续发展带来严峻考验。

四是武术文化对外宣传不力。新中国成立以来，武术文化在对外弘扬中华优秀文化方面发挥着重要作用，一度成为亮眼的名片和对外交往的优秀桥梁。但是，随着改革开放的深入进行，尤其是市场经济的全面开展，武术运动的产业化转型滞后，未能及时与世界体育产业接轨，在武术文化的宣传方面也存在不足。就其现状而言，在武术"走出去"的过程中，武术文化以"蜻蜓点水"的方式宣传，通过国际性文化交流形式，尤其是整合了现代技术的武术舞台会演，在世界体育文化和文艺交流方面，往往给人眼前一亮的惊艳，但是由于缺乏稳定的武术人口，武术文化的交流存在"一次性"消费的现象，不能扎根，难以产生持久的宣传效果，严重制约武术运动的全球普及推广，也难以为武术产业营造良好的文化氛围与市场环境。

三 2021年疫情防控常态化时期中国武术产业发展的建议

2019 年 7 月 18 日，国家体育总局等 14 部委印发《武术产业发展规划（2019—2025 年）》，为理顺武术产业发展的体制机制、增加产品和服务供给、提高服务质量、激发武术产业活力、夯实产业基础和扩大产业规模提供了主要政策依据和指导。然而，2020 年初突如其来的新冠肺炎疫情打乱了武术产业发展的既定思路与节奏，给整个业态带来了新变化、提出了新课题。在党的领导下，基于中国特色社会主义的制度优势，依靠广大人民群众的力量，在短短的几个月时间之内，我国就取得了抗击疫情的阶段性胜利，各行各业复工复产有条不紊地开展，保证了国民经济与社会发展的总体稳定，国内生产总值突破百万亿元，比 2019 年增长 2.3%，成为 2020 年全球唯一实现经济正增长的主要经济体①，为 2021 年疫情防控常态化时期的武术产业奠定了坚实的市场和消费基础，开辟了广阔的发展前景。未来，在普及推广武术项目、加快武术产业发展方面应当做到以下方面。

---

① 《中华人民共和国 2020 年国民经济和社会发展统计公报》，国家统计局网站，2021 年 2 月 28 日，http：//www.stats.gov.cn/tjsj/zxfb/202102/t20210227_1814154.html，最后访问日期：2021 年 3 月 20 日。

（一）充分挖掘武术竞赛表演的发展潜力，进一步提升武术的产业化水平

树立学习意识，组织开展各种报告会、读书会、学习会，系统了解和掌握社会主义市场经济基本理论，强化从业人员的产业意识，改变经营理念，注重产品研发与提升服务水平，积极打造具有中国特色的世界级武术赛事品牌，构建立体式、多元化赛事体系。通过各种赛事活动的"虹吸效应"与集群发展，尤其尝试从市场化较为成熟的散打项目突破，打造武术散打赛事品牌，形成市场规模，培养职业化的武术散打运动员，提高职业武术的成熟度和规范化水平。培育武术表演团体和营利性市场主体，整合培训、竞赛、表演、宣传领域的资源，开发精品武术表演节目，以武林大会、武术节、演武大会等形式凝聚人群，积极开辟表演市场，提升精品节目的市场价值。加强人才培养，特别是将管理、经济、营销方面的优秀人才引进武术竞赛表演领域，从事投融资、策划、管理、宣传、法律保护等专业性较强的工作，整合社会资源与人才资源，凝聚武术社会力量，挖掘武术产业新的增长点，促进融合发展。

充分利用移动互联网、物联网、云计算等新技术，构建"智慧武术"服务网络和平台，拓展"互联网＋武术"新领域。借助"智慧武术"创新平台，整合武术竞赛、武术表演、武术教学、武术商城、电子商务等优势资源，利用先进的5G技术、移动技术、虚拟技术等，创新和推出多元化的参赛、观赛、观演模式，增加网络互动、在线体验、虚拟介入等产品供给与内涵服务，精准定位，满足互联网时代武术消费人群的特殊需求。培育良好的武术产品与服务的营商环境，激发武术产品与服务消费市场的主体创新活力，促进武术产业供给侧改革。积极打造线上形式的武术赛事品牌与表演节目，创新线上武术赛事活动的消费模式，提升消费的互动性与分享性，优化消费结构，引领无边界消费理念，营造良好的市场氛围，优化和重塑武术产业结构，提升产业能级。

（二）壮大武术产业社会力量，扶持武术企业发展，培养市场主体

在"管办分离"的大背景、大趋势下，明确政府管理部门、武术社会组织与武术市场主体的权责，尤其是发挥各级武术协会、研究会的"桥梁"作用，有效团结和带领广大武术工作者与爱好者在全民健身、健康中国等国家战略的指引下，更好地发挥武术运动在强身健体、休闲娱乐等方面的独特作用，推动新时代中国特色社会主义事业不断发展。从产业的角度而言，从事武术工作和参与武术运动的各种组织、社团、机构和个人构成了武术产业繁荣发展的市场环境，是增加武术产品与服务供给、促进武术消费、推动武术事业的产业化发展、激发武术产业活力的重要社会力量。培养围绕武术运动所形成的社会力量，尤其是最广大的群众武术力量，充分发挥这股力量所蕴含的经济潜能、社会服务和文化凝聚的作用，不但对武术产业的繁荣发展具有重要意义，而且对弘扬社会正能量、提升国家文化软实力具有重要价值。

各级武术管理部门应出台有关产业政策和规定，为武术企业提供更好的投融资环境与市场运营条件。在政府部门与行业协会主导下，积极开展武术器械和服装的标准化、统一化工作，扶持若干品牌企业，促进武术产品的大规模生产和精细化研发，产生一批大型的"高精尖"武术企业，有力地推动武术产业的长足发展。对于武术企业而言，除了要认真学习领会政策精神、充分利用政策利好之外，还要加强与体育科研单位、高新材料研发机构、高科技公司、互联网平台的合作，采用高新科学技术，提高武术用品质量，打造武术服务品牌，提升企业经营实力，开拓多元化创利渠道。在武术产业发展过程中，尤其要树立品牌意识，积极打造具有中国特色的武术品牌企业，调整和优化武术资源的产业结构，加强武术产业内部的分工和合作，促进人才、信息、资金、技术的流动，加强技术创新和品牌创新，做好专利申报与保护工作，增强企业竞争力，以不断取得辉煌成绩。

通过经济效益的吸引力，积极引导人力资本与金融投资向武术企业聚集，为使一批优秀武术企业家脱颖而出提供政策环境与产业平台。武术企业家也

要加强自身修炼，增强自身的社会责任感，抓住机遇。另外，企业要深化改革，不断完善法人治理结构，建立激励机制，与时俱进，适应市场经济的竞争环境与产业能级提升的内在要求。武术企业要因势利导，广泛宣传，吸引各方面的优秀人才参与到武术产业中来，提升武术产业的发展创造能力。对有关人员进行岗位培训和在职进修，提高他们的产业意识、竞争意识、经营能力和管理水平，创新分配机制，积极吸收既懂产业又懂武术的人才到相关部门和岗位从事高级经营管理工作。培养一批知识丰富、经营理念先进、技术本领过硬、专项业务熟悉的企业优秀人才，加快推动武术产业发展壮大。实施武术人才教育工程，聚焦国家战略、社会发展与产业趋势，树立专业高质量发展目标，调整我国当前武术馆校结构，修订高校武术与民族传统体育专业课程的大纲，加强对武术专业学生的经营管理和创业能力的培养，加强对从事体育产业经营管理专门人才的培养，从根本上解决人才匮乏的问题。

（三）积极打造国内外重大赛事平台，加大太极拳健康工程的政策推广力度

通过各种方式，让武术及其文化走进普通人民群众的日常生活之中，使之成为群众日常生活不可分割的重要组成部分。通过各种渠道和平台，在世界范围内推广武术运动，从群体武术和职业武术两个维度切入，培育武术人口，健全武术社会组织，使得武术真正成为具有世界影响力的国际性运动项目。加大太极拳健康工程的政策推广力度，进一步加强制度建设与宣传引导。在"体养"融合的视域下，要进一步在老年人群体中普及太极拳，民政、体育、财政、社保、养老等事业的主管部门应出台更具针对性、扶持性的政策。根据不同地域、不同行业、不同年龄阶段的差异人群，开展不同形式的太极拳推广和营销策略，尤其是面向老年人群体时，要着重强调太极拳推广的公益性和营利性两者之间的动态平衡，注重太极拳健康工程所具有的政治性、社会性、产业性和文化性之间的整体良性效应。

进一步夯实社区工作，通过积极组织相关活动推广太极拳知识、营造太极拳文化氛围。太极拳具有十分广泛的群众基础，在群众太极拳运动的普及

推广工作方面，要着眼于太极拳知识和技能传播的科学性、权威性和规范性，进一步加强精准化传播与全方位服务，真正发挥太极拳的综合社会效应。通过基层社区的宣传栏、健身广场等场所，为太极拳的传播普及提供必要的硬性条件，基层武术协会应当在此基础上提供太极拳课程、人才配置等软件服务，实现太极拳的生活化与日常化。对于快节奏的现代社会而言，年轻人大多将时间花费在学校、办公楼等场所，要切实加强太极拳"六进"工作。社区层面组织的小规模、小范围的太极拳活动更加符合老年人的生活环境。积极推动养老机构和健康服务机构与社区卫生服务中心、体质监测站等功能场景的有机结合，加强"体养"融合宣传，引导社区老年居民形成良好的健康运动习惯。

注重数字时代信息技术对太极拳传播和推广的重要作用，着力破解老年人群体所面临的"数字鸿沟"问题。太极拳拥有丰厚的文化积淀，应当积极拥抱数字体育时代的新产品、新技术、新模式。由政府主管部门和太极拳行业协会牵头，积极发动全社会的力量，根据太极拳技术培训的标准化和规范化要求，针对不同参与人群，制作权威培训视频和电子读物，向社会提供以太极拳项目为核心的运动和康养方面的公共产品与服务。由公共部门牵头建设太极拳健康服务平台，采用招投标方式，吸引太极拳健康服务的供给方入驻，以政府采购形式或财政补贴方式，面向社区或家庭对象提供简便易行、价格低廉、服务周到的O2O形式的太极拳服务。与此同时，平台管理方能够充分利用大数据技术，建立太极拳运动处方数据库，向不同阶层人群提供个性化产品与服务，通过平台直接发放健身和康养电子消费券，激发人们对太极拳公共产品与服务的消费热情，推动太极拳健康工程的顺利开展。

（四）大力加强武术段位制考试的标准化建设，提高武术段位制推广质量

一是加强武术段位制考试的标准化建设，提升考评公平性、公正性。在政府主管部门与行业协会主导下，鼓励和吸纳各界武术人士参与标准制定工作，规范武术技术体系，制定有效的测试标准，并由武术管理部门制定和颁

布更为详细精确的实践标准，完善武术段位制管理体系、推广体系和考核体系。在中国武术协会专业委员会之下成立武术服装、器材行业标准协会，整合政府、协会、学校、运动队、个体商业用户等多方资源，共同研制与改进各种武术用品的标准和规格。强化市场管理，对于武术段位制考试和训练统一使用的武术器材和服装，通过招投标或考评等方式，由获得体育用品认证的武术企业生产制造，并指定使用统一标准的服装和器材，实现由参赛人员自备器材向统一器材过渡，推进武术段位制考试的标准化建设。

二是调整和完善武术段位制考核内容，充分体现武术核心内涵。高度重视武术功法在武术体系中的核心价值与地位，在目前考核内容基础上，增加武术套路段位制和散打段位制中的功法考核。高度重视"练打结合"，在政府主管部门与行业协会主导下，组织专家、学者、运动员等共同研讨武术段位制"练打结合"的可行性和考核标准，尝试突破套路与散打分离的局面，突出传统武术体用兼备的价值追求。本报告建议在现有基础上分别增加套路段位制中的实打考察和散打段位制中的拳种流派演练考察，在提高套路的技击性的同时，尝试将散打拉回传统武术的阵营，在此基础上逐步过渡到"练打合一"，强化中华武术的本位特征。

三是加强武术段位制校园推广，提高武术段位制推广质量。强化各地对"武术进校园"及"武术段位制"政策的认识与理解，提高其主动性与接受度，结合各自实际情况制定措施与计划，推动各省份各学校统一思想、深化认识，全面开展武术段位制推广工作。加强武术师资队伍建设，优先招聘、引进武术专业教师，同时注重发挥武术专业教师作用，带领其他体育科任教师学习武术知识、强化武术技能，以提升教学质量。支持校企合作，为"武术进校园"可持续发展提供资金和后勤保障。适时适地搭建以武术为主体的体育后备人才基地和业余体校，以满足体育事业发展的需要。拓展推广形式，通过将武术纳入体育课、课间操、课外兴趣班，以组织校武术队、武术比赛及武术表演等方式，拓展武术在校园的推广面；支持各学校积极组队参与国家级、省级、市级武术比赛，以比赛促进武术普及；通过举办武术段位制培训考试推进"武术进校园"。

（五）充分发挥武术文化的社会功能与价值，增强中国武术的文化软实力

一是加强武术与其他艺术形式的融合。通过武术舞台剧、武术影视作品、武术题材动漫与电竞游戏等重要形式，探索适合武术艺术化的发展思路，扩大中国武术的国际影响力。紧紧围绕人民群众的关切而展开武术运动，通过太极拳、八段锦、五禽戏、养生推手等武术项目，为广大群众提供强身健体、延年益寿与休闲娱乐的特色选择，开创出一条群众化路线，扩大武术的社会影响力与传播力。积极借鉴西方竞技体育的组织结构与发展模式，强化赛事活动的综合能力，为传统武术的新发展提供有益的借鉴，加强武术与其他竞技体育项目的关联，探索"武术＋"融合发展模式，走出一条创新发展之路。

二是构建明确、清晰的武术功效量表，区分不同项目的练习目标，通过竞争机制推广武术文化。由于武术运动的门类较多，不同运动项目所针对的练习目标多有不同。鼓励高校、科研单位与企业研发部门合作，建构不同武术运动门类的功效量表与评价指标，提高武术文化的科技含量，为武术运动及其文化的现代转型提供坚实的科技基础。建立系统的竞争机制和推广机制，将竞争、绩效与推广结合起来，全方位刺激和推动各个武术门类运动项目的公平竞争与充分发展，挖掘各自运动项目的文化资源与社会价值。与此同时，加强与学校体育教育的融合联动，在大中小学开展丰富多彩的课余武术训练与竞赛活动，帮助学生在武术运动中享受乐趣、增强体质、健全人格、锤炼意志，增加青少年学生对武术的感性认知与情感投入，培育潜在的武术人口，为武术文化的持续推广积淀力量。

三是建立赛事联盟，打造国际武术品牌。组织专家、学者和武术从业人员进行专题研讨，在借鉴现有国际赛事联盟与国内赛事活动经验的前提下，设定针对职业化武术运动员与大众武术练习者的不同规格的赛事体系。打造国际、国内两大赛事交流平台，培育国际化武术人口与武术社会组织，将国内传播与国际宣传结合起来。尝试俱乐部运行模式，依托各地资源禀赋和文

化传统，打造具有地方特色的社会性武术运动赛事品牌。依托现有武术馆校，联合各地学校，构建区域覆盖面较广、大中学校衔接的联赛体系。有效建立社会武术赛事与学校联赛体系，使得赛事联盟得以贯通社会各阶层，促进武术文化的全面沟通交流与推陈出新。建立武术文化的标准化推广模式与体系，扎根中国，面向全球，助力武术运动及其文化在海外深入、持久地推广下去。

参考文献

李慎明主编《世界太极拳发展报告（2019）》，社会科学文献出版社，2020。

李星蓉、王国志：《近十年武术产业的回顾与瞻望》，《武术研究》2021 年第 2 期。

李颖川主编《中国体育产业发展报告（2019）》，社会科学文献出版社，2019。

芦胜男、马勇志、张继东：《后疫情时期中国武术产业高质量发展的实现路径》，《首都体育学院学报》2021 年第 2 期。

童桂文、陈宣峰：《论大数据时代下武术产业发展的机遇与挑战》，《当代体育科技》2016 年第 2 期。

赵秋菊：《中国武术产业发展现状及未来走向探析》，第 18 届中国国际体育用品博览会体育产业与体育用品业发展论坛文集，2006。

分 报 告
Sub Reports

B.2
2019~2020年中国武术
竞赛表演发展报告

张永宏　耿宝军　虞泽民*

摘　要： 本报告梳理了2019~2020年中国武术竞赛表演的主要事件与
　　　　内容，分析其发展特征，认为参与武术竞赛表演的人群仍以
　　　　华人居多；官方主导的国际性武术赛事和国内竞赛表演活动
　　　　居于主流，对武术事业与产业发展产生较大影响，纯粹商业
　　　　性的武术赛事活动与具有民间色彩的武术赛事活动仍处于辅
　　　　助地位；武术竞赛表演的市场环境仍然不容乐观，从业人员
　　　　的职业化水平有待提高，武术竞赛表演的产业化仍不足。突
　　　　袭而至的新冠肺炎疫情改变了武术竞赛表演的外在环境与表

* 张永宏，哲学博士，北京体育大学中国武术学院讲师，研究方向为中国传统文化、中国武术
产业、太极拳研究与推广等；耿宝军，北京体育大学博士研究生，山西工程技术学院体育教
学部副教授，研究方向为武术文化、武术竞赛与表演；虞泽民，北京体育大学博士研究生，
研究方向为民族传统体育学、武术竞赛规则。北京体育大学中国武术学院王瑶瑶、杭州师范
大学体育与健康学院周阳对本报告亦有贡献。

现形式，进一步推动了"互联网＋武术"融合发展的不断改革与创新。在疫情防控常态化时期的2021年，以《武术产业发展规划（2019—2025年）》为政策依据，应当在巩固华人群体练习武术的基本前提下，以武术职业化为切入点，立足中国，面向世界，进一步推动武术"走进去""走出去"；要建立健全武术事业发展的规章制度，规范武术社会组织，进一步培育武术产业的市场环境和社会力量；要提高学习能力，改变经营理念，挖掘武术竞赛表演的发展潜力，加强武术事业的产业化转型与发展，进一步提升武术的产业化水平；要抓住机遇，迎接挑战，在疫情防控常态化时期进一步探索"互联网＋武术"融合发展的新模式，打造优质赛事品牌和表演节目，做强武术竞赛表演。

关键词： 武术竞赛　武术表演　"互联网＋武术"　融合发展　产业化转型

　　2018年12月21日，国务院办公厅印发《关于加快发展体育竞赛表演产业的指导意见》，明确提出要引导扶持业余性武术精品赛事，促进武术竞赛与文化表演的互动融合。2019年7月18日，国家体育总局等14部委联合印发的《武术产业发展规划（2019—2025年）》明确指出，要通过发展职业武术、打造品牌赛事、培育表演市场等有效措施，做强武术竞赛表演。截至2019年，武术仍然属于非奥项目。尽管如此，武术职业化仍然是竞技武术的发展趋势，武术品牌赛事对于扩大武术的社会影响力、为武术产业赋能具有重要意义，武术表演市场化、多元化也是未来发展的重要方向。2019年，各大武术赛事非常活跃，尤其是10月19～23日于上海举行的第15届世界武术锦标赛，参赛国家和地区数达到历史之最，充分表明了武术的世界性影响。受疫情影响，2020年前两个季度武术竞赛表演活动陷入停顿，但是各种形式和规格的网络大赛的成功举办为疫情防控常态化时期武术竞赛表演活动的举办探索了新的发展途径。此外，2020年1月8日国际奥运会批准武术入选第4届青年奥林匹克运动会正式比赛项目，12月17日联合国教科文组织评审通过太极拳被列入《人类非物质文化遗产代表作名录》，为未来武术竞赛表演暨武术产业开辟了新的空间。

一 中国武术竞赛表演概述

中国武术诞生于先民与大自然做斗争的过程之中，随着社会发展、生产实践（特别是战争活动）而不断得以演进提升。技击成为武术的核心要义。与此同时，无论是出于训练备战的需要，还是基于娱乐游戏的场景需要，武术的表演功能都能得以充分发挥。现代奥林匹克运动复兴以来，国家通过派遣运动员在运动场上进行公平竞争，从而展示国力与民族精神，越来越成为展现现代国家综合竞争力的重要方式之一。尽管截至2019年武术尚未被列入奥运会正式比赛项目，但是受到现代奥林匹克运动深刻、广泛且持续的影响，注重体育竞技性的武术竞赛活动在中国非常流行，而且随着在世界各地的推广，武术逐渐成为世界性的体育运动项目。

1990年，武术首次被列入第11届亚运会的正式比赛项目，成为竞技武术国际化发展的里程碑。1991年开始的两年一届的世界武术锦标赛吸引了高度职业化的专业运动员参赛，并逐渐成为具有广泛影响的世界性的单项体育盛会。2019年10月19~23日，来自102个国家和地区的1100余名运动员、教练员、裁判员、官员和嘉宾齐聚上海，参加第15届世界武术锦标赛，角逐44个项目的奖项，达到历届世界武术锦标赛的顶峰，也充分表明了武术竞赛活动的流行情况。同年6月16~18日举行的第8届世界传统武术锦标赛吸引了来自48个国家和地区300余支代表队5300余人参加，重在以竞赛的形式推广群众性武术运动，培养多元化的全球武术人口，为武术运动的长远发展奠定基础。

目前，各种形式的武术竞赛活动都有举行，具有一定影响的赛事如亚运会武术比赛、全运会武术比赛、全国武术套路锦标赛、世界传统武术比赛、国际武术邀请赛、少数民族武术比赛、民间传统武术比赛、全国高校武术比赛、全国大学生武术比赛、全国少年"武士杯"武术比赛、武术馆（校）擂台赛、城市武术运动会、全国农运会武术比赛及各省份举办的武术比赛等，不断促进武术产业经济结构改革与优化，完善武术产业市场规则，壮大武术产业主体，拓展武术竞赛表演市场，助力武术文化弘扬，已经形成一定的品牌效应，在不同层面发挥武术赛事的重要作用。

上述赛事活动，就其属性而言，可以分为社会性武术赛事、商业性武术赛事、职业性武术赛事；就武术项目的表现形式而言，又可分为武术散打赛事、武术套路赛事、武术功力功法赛事等；就赛事所含的项目数量而言，还可分为综合性武术赛和单项武术赛。这些赛事在不同时期显示了多种形式，在内容、风格、表现上可谓五彩缤纷，从徒手到器械、单人到集体、个人展示到对练都从不同的角度、层面显示出了武术的丰富多彩与博大精深。太极拳、长拳、南拳、刀术、剑术、棍术、枪术、对练、散打、短兵、长兵等成为当今武术比赛最为常见的内容。打造高质量的武术赛事品牌，对于提升武术技能、培养高水平武术运动员、培养武术爱好者、扩大武术社会影响力、为武术产业赋能、促进武术运动长足发展具有重要意义，这些意义在近年来的武术竞赛活动中逐渐得以显现。

武术表演是中国武术的重要表现形式之一。从历史上说，由于中华文化的整体性特征，武术与杂技、舞蹈、戏剧、体育、军事等高度融合，为武术表演积累了丰富的历史内涵、群众基础和文化内容。由于中华礼仪文化的长期浸润，武术表演在社会规范、人群整合、精神凝聚等方面发挥了积极作用。1936年，中国武术代表队前往柏林参加奥运会，武术作为表演项目首次在世界上亮相，引起了极大的关注。20世纪50～70年代，以李小龙为代表的武术电影风靡全球，开辟了武术表演的新形式与新领域。1974年，中国武术代表团访美，受到美国时任总统尼克松、国务卿基辛格的亲切接见，先后在夏威夷、旧金山、纽约、华盛顿等地表演16场，观者如堵，发挥了重要的民间文化交流与外交作用，迎来了中国武术表演的高光时刻。随着1982年电影《少林寺》的热播，武术影视产业获得长足发展。借助舞台、灯光、焰火、音效、服饰、布景、虚拟设备等现代技术，武术舞台剧表演突飞猛进，获得巨大成功。与此同时，由于在各项武术门类中，散打、套路、短兵等具有极强的观赏性，武术赛事本身就具有高度的展演、审美、教育性质，武术赛事与武术表演高度结合，吸引和培养了武术参与人群，拓展了武术竞赛表演市场，成为武术产业快速发展的重要动力。

二 2019~2020年武术竞赛表演活动考察

（一）疫情防控背景下2020年国内重要赛事

在新冠肺炎疫情发生之前，常规性的国内重要武术类赛事主要包括各种类型的带有官方色彩的不同规格（跨省域、省级、地市级、区县级）、不同年龄组别（中学生、大学生、老年人等）的武术散打、套路、太极拳锦标赛，各种模式的带有商业色彩的公开赛、邀请赛、争霸赛、武林大会，以及各拳种内部或拳种之间，武术团体与文化机构、旅游部门、经济实体相互合作的社会性的交流展演活动，等等。这些竞赛表演活动具有很强的黏合力，将武术社团、武术人群、武术企业、武术文化统合起来，为武术产业提供了基本的物质基础、社会背景与市场条件。然而，新冠肺炎疫情发生之后，尤其是2020年第一季度，整个中国社会在总体上陷入"停摆"状态。在党强有力的领导下，我国赢得了疫情防控阻击战的胜利，社会生活也逐渐走上正轨。但是，疫情已经在很大程度上改变了人们生产、生活的方式，也改变了社会运行的模式，疫情防控常态化时期给武术产业和武术事业的发展带来了巨大的挑战和机遇。

由于疫情防控工作较为扎实，中国很快取得阶段性胜利。从2020年第三季度开始，各种形式的线下武术赛事活动逐渐活跃起来。据不完全

统计，第三、第四季度省级及以上规模的活动有 120 多个。其中，7 月有
4 个、8 月有 18 个、9 月有 18 个、10 月猛增到 32 个、11 月有 31 个、12
月下降到 18 个（见表 1）。武术赛事活动在每月的数量分配方面大致与全
国疫情防控的总体形势呈正相关，特别是中秋、国庆"双节"期间激增
的旅游人数促进了跨县域乃至跨省域武术赛事活动的增长。10 月、11 月
全国范围内平均每天举行 1 个省级及以上的武术赛事活动，在某种意义
上也是上半年疫情防控形势严峻，人们的参赛热情受到压抑，而一旦形
势好转就呈现出来的"补偿性""报复性"的办赛、参赛现象。所谓
"补偿性"，是指人们上半年原定赛事活动取消或延期，许多活动集中到
下半年举行；所谓"报复性"，是指人们上半年的社会性武术运动受到压
抑，下半年爆发式参加相关赛事与展演活动，这是市场经济环境下正常
的消费行为，也是社会学意义上正常的社交反应。尽管目前尚无数据支
撑，但是不难想象县级层面赛事活动的总体状态应当与省级层面的总体
状态呈现类似局面。县级层面的习武人群的"补偿性""报复性"的办
赛、参赛的心态应当更为炽热。可以预见，随着疫情防控常态化管理的
实施，武术赛事活动将回归于常态。

出于疫情防控的考虑，这些武术赛事活动往往采取较为严格的防控
措施，有时还不得不提高要求，限制人流，甚至采用线下与线上相结合
的方式，以控制总体的参与人数。就参与人数而言，在 500 人规模以上
的赛事达到 33 个，占比近 1/3（人数不详的赛事不予考虑），千人（或
接近千人）规模的赛事数量也超过 10 个，均显示了人们热衷参加武术赛
事活动的心理。

表 1　2020 年第三、第四季度省级及以上规模线下武术赛事活动一览

赛事名称	举办时间	举办地点	参与人数（人）
江西省第六届全民健身运动会吉安市赛区武术套路比赛	7 月 11~12 日	吉水县体育中心	162
第十六届全国武术之乡武术套路比赛	7 月 20~22 日	河南陈家沟	1600

续表

赛事名称	举办时间	举办地点	参与人数（人）
青海省第三届全民健身大会暨"我要上全运社区运动会"武术比赛	7月24～25日	青海多巴国家高原体育训练基地	—
第二十四届澳门太极拳、械锦标赛暨第二十六届澳门青少年武术锦标赛	7月29～8月2日	澳门塔石体育馆	—
第五届中国陈家沟陈式太极拳国际交流大赛	8月2～5日	河南陈家沟	300
贵州省青少年锦标赛武术套路比赛	8月5～8日	毕节市体育运动学校	350
宁夏传统武术套路锦标赛	8月8～10日	宁夏体育馆	497
青海省第三届全民健身大会武术套路总决赛暨青海省第六届武术套路锦标赛	8月9～11日	西宁市海湖体育中心	1100
重庆市体育传统项目武术比赛	8月14～16日	开州区体育馆	100
第二届"长城论剑"国际武林争霸赛	8月15～16日	天津滨海体育馆	—
浙江省青少年武术套路锦标赛	8月17～19日	桐乡市体育馆	486
陕西省青少年武术套路锦标赛	8月18～22日	渭南市体育馆	208
广西少年儿童武术套路锦标赛	8月20～23日	梧州体育训练基地	300
第十一届巴蜀武术国际交流大会	8月21～23日	成都市外国语学校	1000
上海市武术套路锦标赛	8月22～23日	虹口精武体育馆	240
第十二届广西体育节暨少年儿童武术套路邀请赛	8月25～26日	北流国际陶瓷贸易城会展中心	318
江苏省青少年武术套路锦标赛	8月25～27日	睢宁县体育馆	104
"中国体育彩票杯"四川省青少年武术套路（A类）锦标赛	8月25～28日	中信国安峨眉山体育馆	430
广西青少年武术散打锦标赛	8月27～31日	梧州体育训练基地	217
广东省"中国体育彩票"青少年太极拳、南拳锦标赛	8月28～30日	韶关市中山公园体育中心	456
安徽省青少年武术套路锦标赛	8月28～31日	亳州市	—
宁夏青少年武术锦标赛（甲组、乙组）	8月29～30日	宁夏体育馆	170
山东省武术散打锦标赛（甲组、乙组）	9月3～7日	济南群众健身服务中心	375
"中国体育彩票杯"山东省第十届全民健身运动会太极拳比赛	9月5日	高密维也纳国际酒店	246

续表

赛事名称	举办时间	举办地点	参与人数(人)
山东省第十届全民健身运动会传统武术比赛	9月9日	潍坊市荷溪文苑	262
"体彩杯"内蒙古自治区青少年武术套路锦标赛	9月11~13日	满洲里市体育馆	200
安徽省青少年武术散打锦标赛	9月12~16日	阜阳太和县	590
河北省青少年武术散打锦标赛	9月16~19日	保定市大午体育馆	700
"中国体育彩票杯"山东省武术套路锦标赛	9月16~20日	济南市	—
"山东商会·东成杯"华东区第三届快手武术绝技邀请赛	9月18~19日	金华古子城景区	50
浙江省青少年学生阳光体育武术套路比赛	9月19~20日	温州奥体中心	200
"明月山杯"江西省第六届全民健身运动会(宜春赛区)太极拳比赛	9月22日	宜春市体育馆	—
河北省青少年武术套路锦标赛	9月23~26日	邢台市体育馆	754
第三届辽宁国际武术文化节暨第十五届大连国际武术文化节	9月25日	大连武术博物馆	—
广东省中学生武术套路锦标赛	9月25~27日	佛山市勒流中学	329
宁夏青少年武术套路锦标赛(丙组)	9月26~27日	宁夏体育馆	450
江西省青少年武术套路锦标赛	9月27~28日	瑞昌市体育馆	319
"武韵中原·体彩杯"河南省第四届传统武术大赛	9月27~29日	洛阳市体育中心	369
山西省武术套路锦标赛	9月28~29日	大同市体育馆	—
青海省青少年武术(套路、散打)锦标赛	9月30日~10月3日	青海体育中心	300
第三届四川省学生武术套路锦标赛	10月2~4日	成都市龙泉中学	500
第三届"天马武道杯"西北武术节	10月2~5日	临夏市奥体中心	286
广东省武术套路(传统项目)锦标赛	10月2~5日	肇庆市高要区体育馆	1690
湖南省第二届传统武备演武活动	10月3日	新邵县白水洞风景区	1000
湖北省青少年武术套路锦标赛	10月4~6日	黄石市奥体中心	600
四川省传统武术名人明星争霸赛	10月4~6日	成都市石牛体育场	990
安徽省第五届全民健身运动会传统武术比赛	10月5~6日	定远县体育馆	303
第三届四川省学生武术散打锦标赛	10月5~7日	南充高级中学	500

续表

赛事名称	举办时间	举办地点	参与人数(人)
福建省青少年武术套路锦标赛	10月6~7日	泉州市剑影实验学校	150
首届敦煌武术交流大赛	10月10~13日	敦煌月牙泉小镇	320
江苏省第八届全民健身运动会太极拳（传统武术）比赛	10月13~16日	徐州市奥体中心	254
陕西省青少年传统武术邀请赛	10月15~18日	西北武术院	600
甘肃省青少年武术套路锦标赛	10月15~19日	天祝县体育馆	—
重庆市青少年武术套路锦标赛	10月16~18日	渝北区体育馆	400
北京市青少年武术比赛	10月17日	地坛体育馆	—
北京市武术太极拳锦标赛	10月17~18日	良乡体育中心	300
北京市传统武术锦标赛	10月18日	地坛体育馆	—
四川省太极拳锦标赛暨四川省武术通段赛	10月21~22日	邛崃市体育中心	390
青海·湟中第五届昆仑武术大赛	10月23~25日	湟中区体育场	213
河南省传统武术套路锦标赛	10月23~25日	汝州市体育中心	368
江西省"体育·惠民100"全省太极拳锦标赛	10月23~25日	靖安县体育馆	400
第二届云台山太极拳交流大赛	10月25~27日	河南省修武县云台古镇	700
"中国体育彩票杯"山东省"压油沟杯"武术套路冠军赛	10月25~27日	兰陵县体育馆	383
"体彩杯"河南省武术散打锦标赛	10月25~29日	漯河市体育中心	363
贵州省太极拳公开赛	10月27~29日	黔南州全民健身活动中心	300
云南省青少年武术套路锦标赛暨云南省第二届青少年（学生）运动会武术套路预赛	10月27日~11月1日	红河技师学院	248
第四届中国·金华国际武术节	10月30日~11月1日	金华市亚细亚大酒店	1356
湖南省第七届武术大赛总决赛	10月30日~11月1日	湘乡市第二中学	554
黑龙江省武术散打锦标赛	10月30日~11月1日	哈尔滨	187
海南省武术公开赛	10月30日~11月1日	屯昌县体育馆	500
重庆市青少年武术散打锦标赛	10月30日~11月2日	荣昌区综合实验基地	300
北京市青少年武术锦标赛	10月31日~11月1日	地坛体育馆	285

续表

赛事名称	举办时间	举办地点	参与人数（人）
"中国体育彩票杯"山东省"压油沟杯"武术散打冠军赛	11月1～5日	兰陵县体育馆	381
"中国体育彩票杯"河南省武术套路锦标赛	11月1～6日	宜阳县体育馆	593
辽宁省"振兴杯"青少年武术散打锦标赛	11月1～7日	凌海市体育馆	198
"健平杯"第二届陕西省武林大会	11月6～8日	安康金州体育场	566
黑龙江省武术套路锦标赛	11月6～8日	哈尔滨天行健运动中心	294
湖北省体育俱乐部联（挑战）赛武术项目比赛	11月7日	武汉体育馆	1500
长三角"龙泉论剑"武术大赛	11月7～8日	浙江省龙泉市体育馆	990
浙东唐诗之路暨浙江省第三届乡村武林大会	11月8日	新昌县	300
广东省"中国体育彩票"青少年武术套路锦标赛	11月11～15日	封开县体育馆	329
"体彩杯"内蒙古青少年武术散打锦标赛	11月12～15日	锡林郭勒体育中心	252
第二届海南太极拳健康交流展示大会	11月13～15日	海南国际会展中心	1000
江苏省第十届演武大会	11月13～15日	睢宁县体育中心	672
湖南省第七届武术大赛	11月13～15日	湘乡市二中艺体中心	554
浙江省青少年武术套路冠军赛	11月13～15日	桐乡市体育馆	340
第五届中华武术名派名家论剑南太行暨亚太体育联合会总会武博联盟成立大会	11月13～15日	河南省辉县万仙山景区	990
吉林省学生武术锦标赛	11月14～15日	长春市泓博体育运动场	266
"至尊王"全国武术散打邀请赛	11月15日	济南市长清区	400
福建省太极拳邀请赛	11月15～17日	厦门市	300
"祝桥杯"上海市第三十二届木兰拳总决赛	11月18日	浦东新区南汇体育中心	250
辽宁省青少年武术套路锦标赛	11月19～24日	大石桥市体育馆	165
四川省太极拳锦标赛暨四川省武术通段赛（邛崃站）	11月21～22日	邛崃市	443

续表

赛事名称	举办时间	举办地点	参与人数（人）
贵州省第二届武林精英赛	11月21~22日	清镇市	790
健康中国·丝绸之路第三届传统武术精英大赛	11月21~22日	西安长安区自强体育馆	1800
第八届丽江武术文化节暨第二届丽江太极峰会	11月26~30日	丽江市古城区	300
海南国际旅游岛亚太武术公开赛	11月27~30日	琼海市体育馆	967
重庆市武术散打擂台赛	11月27日~12月1日	梁平区新区篮球馆	450
青海循化"冰慕杯"首届青甘宁（环湖赛地区）民族团结进步武术邀请赛	11月28日	青海省循化县灯光球场	400
第四届珠三角地区太极拳交流大会	11月28~29日	深圳罗湖区体育馆	500
广东省首届演武大会	11月28~29日	江门市第一中学体育馆	1200
第六届闽浙太极拳交流展演活动	11月29日	福建省柘荣县体育中心	400
"日久杯"辽宁省大学生武术散打锦标赛	11月29日~12月3日	辽宁警察学院	100
湖北省第34届大学生武术套路锦标赛	12月3~5日	武当山国际武术学院综合训练馆	300
浙江省青少年武术散打冠军赛	12月4~6日	天台县体育馆	229
江苏省首届青少年武术散打联赛（徐州站）	12月4~6日	徐州市星光教育集团荣盛城分校	118
湖南省"公仆杯"太极拳比赛	12月4~6日	湖南体育职业学院	290
福建省全民健身运动会（宁德赛区）传统太极拳展演活动	12月5日	宁德市体育中心	200
上海市武术散打锦标赛	12月5日	普陀体育馆	119
北京第四届青少年武术超级联赛	12月5日	石景山体育馆	2400
江苏省大学生武术（套路）锦标赛	12月5~6日	扬州大学扬子津校区体育馆	119
江苏省首届青少年散打联赛（宿迁站）	12月7~9日	宿迁市	124
"我要上全运"大秦之水陕西省自由搏击锦标赛	12月12~27日	陕西省体育场	400
内蒙古自治区学生武术锦标赛	12月14~15日	北重三中体育馆	200

续表

赛事名称	举办时间	举办地点	参与人数(人)
湖北省传统武术大赛	12 月 14～16 日	武当国际武术交流中心	890
河北省第十一届大中学生武术比赛	12 月 15～18 日	邯郸市第四中学体育馆	627
"我要上全运"汉水春杯陕西省太极拳公开赛	12 月 15～19 日	宝鸡市	340
东北区青少年 U 系列武术比赛散打系列赛	12 月 19～20 日	黑龙江慧闻国际文武学校武术馆	200
云南省第五届"华洲"杯学生武术散打冠军赛	12 月 19～22 日	红河州民族师范学校建水校区	200
广西青少年拳击锦标赛	12 月 22～25 日	百色市平果体育城体育馆	108
陕西第五届华夏武魂少儿武术交流赛	12 月 27 日	西安大明宫万达广场	350

注："参与人数"一栏部分数据为约数。

资料来源：整合自中国武术协会与各地省级武术协会、太极拳协会官网与微信公众号，以及国家体育总局武术运动管理中心官网、各省级体育管理部门官网、新浪网、搜狐网、腾讯网、太极网等相关网络信息。

以上所列 2020 年第三、第四季度省级及以上规模的 121 个线下武术赛事活动，从宏观的地域角度而言，中原 – 华北地区（北京、天津、河北、山东、河南）占有 24 个，西南地区（重庆、四川、广西、贵州、云南）占有 21 个，长江中下游地区（安徽、江苏、浙江、上海）占有 20 个，华南地区（湖南、江西、福建、广东、海南、澳门）占有 22 个，西北地区（陕西、宁夏、甘肃、青海）占有 18 个，在数量上大致持平。然则，京津冀数量较少（9 个），与东三省（8 个）基本持平，排除统计遗漏与误差的因素之外，可能与首都及其邻近省市执行较为严格的疫情防控政策不无关系：为了做好疫情防控工作，不得不减少赛事审批名额，对于已经审批的赛事也将提出更为严格的防控标准。河南（8 个）与山东（7 个）是武术大省，赛事活动较多，有其历史的原因和习武人群的基础。西北地区表现不俗，尤其是陕西的赛事活动占有 7 个，则与 2021 年在陕西举行第十四届全国运动会有着密切关联：为了营造第十四届全国运动会的氛围，在坚持疫情防控的同时，陕西更具有举办各类赛事的热情。华南地区与长江中下游地区热衷于举办各类武术竞赛与表演活动，与其经济繁荣、人民富庶有关：举办赛事活动需要一定的经济支撑，人民生活富庶才有习武与观赛方面的时间投入与消费需求，而举办赛事活动本身也具有一定的经济收益，反过来又促进了人民生活富庶与地方经济更进一步的繁荣，从而形成武术产业、武术事业、武术文化、社会发展、经济繁荣、人民生活水平等相关因素之间的相互促进与良性循环提升。

（二）2019~2020年国际性重要赛事

据不完全统计，2019年举行的国际性武术赛事活动达42个（见表2）。这些赛事活动（除国际武术联合会主办的世界武术锦标赛与国际武术联合会、中国武术协会主办的世界传统武术锦标赛之外）有些属于商业性比赛，主要由赛事策划公司运作，有些由武术协会或相关培训机构组织策划，旨在交流武艺、以赛促训，属于社会性赛事活动，当然大多数由地方政府和体育部门主办，旨在发展武术文化和旅游经济。在不少赛事期间，往往还举行各种文艺会演、文化论坛、研讨会、商品展销会等活动，属于综合性的武术文化盛事。

表2 2019年国际性武术赛事一览

赛事名称	届份	开幕日	主办国家/城市	参赛国家和地区（个）	参与人数（人）
"莫斯科之星"国际武术比赛	第5届	2月23日	俄罗斯/莫斯科	22	900
法国国际武术艺术节	第34届	3月24日	法国/巴黎	—	—
加州国际武术锦标赛[a]	第10届	4月6日	美国/加州	3[b]	726
"平凡杯"香港国际武术节	第17届	4月11日	中国/香港	20	1800
中国（日照）大青山国际太极拳大赛	第7届	5月18日	中国/日照	40	2100
中国·徐州"丝路汉风"国际武术大赛	第4届	5月24日	中国/徐州	48	4000
美国国际武术锦标赛	第10届	5月26日	美国/亚特兰大	—	—

续表

赛事名称	届份	开幕日	主办国家/城市	参赛国家和地区（个）	参与人数（人）
世界传统武术锦标赛	第8届	6月16日	中国/峨眉山	48	5300
紫荆花国际武术公开赛	—	7月12日	中国/香港	26	300
西雅图国际武术节	第5届	7月17日	美国/西雅图	—	—
四川首届海灯武术国际演武大会ᶜ	第1届	7月19日	中国/江油	—	600
中国·邯郸国际武术节	第2届	7月19日	中国/邯郸	—	1000
天津盘山国际武术节	第1届	7月23日	中国/天津	—	500
"澳博杯"澳门国际武术节暨澳门国际武道大赛	第8届	7月24日	中国/澳门	11	2000
黄山论剑·国际武术大赛	第4届	7月25日	中国/黄山	25	1000
"伏羲卦台杯"国际太极拳邀请赛	第1届	7月27日	中国/天水	16	500
中国·台州国际武术节	第4届	7月27日	中国/台州	—	2300
"辩手杯"国际太极拳网络视频大赛	第5届	8月1日	—		2000
"寿仙谷"杯中国·金华国际武术节	第3届	8月3日	中国/金华	10	7000
崆峒（国际）武术节	第3届	8月7日	中国/平凉	—	3600
烟台国际武术节	第16届	8月8日	中国/烟台	10	2000
马来西亚国际武术节	第5届	8月9日	马来西亚/吉隆坡	16	1300
坦桑尼亚国际武术比赛	—	8月9日	坦桑尼亚/多多马	6ᵈ	242
新加坡国际武术邀请赛ᵉ	第4届	8月10日	新加坡	50	1500
"中武杯"2019第四届中国新乡南太行（同盟山）国际武术节	第4届	8月10日	中国/新乡	—	1000
亚洲青少年武术锦标赛	第10届	8月16日	文莱/斯里巴加湾	22	300

续表

赛事名称	届份	开幕日	主办国家/城市	参赛国家和地区（个）	参与人数（人）
巴蜀武术国际交流大会	第10届	8月17日	中国/德阳	5ᶠ	2000
"中联永亨杯"厦门国际武术大赛	第8届	8月17日	中国/厦门	33	6458
香港国际武术比赛	第14届	8月20日	中国/香港	18	1891
"岳王杯"青岛（莱西）国际武林大会	第4届	8月26日	中国/青岛	5ᵍ	1400
"荣柏杯"青岛（莱西）世界休闲体育大会国际武术节	第2届	8月30日	中国/青岛	36	700
忠州世界武艺大师赛ʰ	第2届	8月30日	韩国/忠州	106	3000
澳大利亚国际武术文化艺术节	第2届	8月31日	澳大利亚/墨尔本	—	900
中国·焦作国际太极拳交流大会	第10届	9月16日	中国/焦作	58	4365
"西岗杯"大连国际武术文化节ⁱ	第14届	9月20日	中国/大连	—	1200
世界武术锦标赛	第15届	10月19日	中国/上海	102	1100
武当国际演武大会	第8届	10月29日	中国/十堰	10	3000
国际五祖拳大赛ʲ	—	11月3日	中国/泉州	20	1000
舟山国际武术比赛	第1届	11月9日	中国/舟山	17	1500
中国–东盟武术节	第5届	11月10日	中国/梧州	11	800
海南国际旅游岛亚太武术公开赛	—	11月16日	中国/琼海	—	1102
三亚国际武术旅游文化节	第4届	12月21日	中国/三亚	10	1000

注："参与人数"一栏包括运动员、教练员、裁判员、官员等，但不能做到精细化，具体数字待进一步核实，"参赛国家和地区"一栏部分数据也为约数。a. 暨美国传统武术国家队选拔赛；b. 中国、美国、加拿大；c. 暨打金章擂台赛；d. 卢旺达、肯尼亚、乌干达、布隆迪、尼日利亚、坦桑尼亚；e. 暨"一带一路"新加坡国际武术文化节；f. 中国内地、中国香港、中国澳门、泰国、美国；g. 中国、俄罗斯、意大利、美国、捷克；h. 比赛内容包括武术、跆拳道、合气道、泰拳、柔术、桑搏、摔跤等；i. 暨第2届辽宁国际武术文化节；j. 暨南少林传统武术大赛。

资料来源：整合自中国武术协会官网、国际武术联合会官网、新浪网、搜狐网、腾讯网等相关网络信息。

在以上所列 2019 年举办的 42 个国际性武术赛事活动中，在中国主办的赛事有 30 个，占比 71%，表明作为武术的发源地和习武人群集中地域，中国依然是各类武术活动的主导者。此外，海外参赛人员以及组织策划海外武术赛事活动的人员，大多依然是华裔，说明世界范围内的武术练习人群中华人占了大多数。从举办赛事活动的地区看，除中国之外的亚洲国家（马来西亚、新加坡、韩国、文莱）主办了 4 个活动，美洲国家（美国）主办了 3 个活动，欧洲国家（俄罗斯、法国）主办了 2 个活动，非洲国家（坦桑尼亚）主办了 1 个活动，大洋洲国家（澳大利亚）主办了 1 个活动，在某种程度上显示了武术在不同区域的传播情况。其中，中国·焦作国际太极拳交流大赛已经是第 10 届，早在 9 月 16 日于焦作市举行隆重的开幕式之前，已经在全球多国举办一系列热身活动。从 2019 年 8 月 18 日开始，在希腊、英国两国共 4 个城市举办多场太极拳表演、功夫互动、户外太极拳体验等活动；9 月 2～15 日，100 多万名太极拳爱好者在北京、上海、广州等 200 多个国内城市和美国纽约、德国柏林、韩国首尔等 36 个国外城市举办太极拳展演活动，真正呈现该项赛事的国际化特征。坦桑尼亚的武术赛事活动得到中国驻坦桑尼亚大使馆的大力支持。而韩国举办的忠州世界武艺大师赛旨在促进武术、跆拳道、合气道、泰拳、柔术、桑搏、摔跤等各国武艺门类的交流，整合世界各地武艺的技能技法与思想精髓，为今后武术运动的推广与武术产业及其文化的发展探索新方向、开辟新空间。此外，由中国大陆网站太极网组织进行的"辫手杯"第 5 届国际太极拳网络视频大赛由于超越了空间界限，采用虚拟网络形式，实现了运动员、裁判员、组织者、观众跨区域的沟通与联系，在武术赛事活动与融媒体的结合方面进行了有益的探索，为今后武术产业的结构调整与发展开辟了新场域。

从产业角度考量，大多数赛事活动收取标准不一且数额不高的参赛费用，这些费用的主要部分用于赛事奖励与运营，达不到创利效果。当然，举办相关赛事活动可以带动交通、餐饮、旅游等相关行业发展，这属于赛事活动的产业溢出价值，可以提升赛事举办地的宏观经济效益。从这个意义上说，武术竞赛表演产业的集群化发展及其融合模式创新，将是未来产业规模提升与结构改革的重要方向。

2020年第一、第二季度受新冠肺炎疫情的影响，包括武术在内的各项聚集性体育赛事活动均予取消。人民群众居家健身激发了网络的产业活力，促进了"互联网＋"的迅猛发展。从3月开始，全国各地开始举办各种不同规格和形式的网络太极拳比赛、展演和交流活动，促进了武术运动的创新与改革，对武术产业的发展模式进行了有益的探索。随着国内疫情防控取得阶段性胜利，特别是从2020年第三季度开始，"线上＋线下"的武术赛事活动与展演活动日渐频繁，带动了武术产业的复苏与发展。然而，从全球视角来看，各国采取不同的疫情防控措施给疫情防控带来巨大压力，基于"外防输入、内防反弹"的防控方针，对于境内外人员之间的文化交流采取较为严格的限制措施，导致包括武术运动在内的国际性体育赛事难以正常开展。据不完全统计，2020年国际性武术赛事几乎停滞（见表3），武术运动及其文化交流遭遇严重阻碍，武术产业在国际性竞赛表演方面的市场收益大为萎缩。

表3　2020年国际性武术赛事一览

赛事名称	届份	开幕日	主办国家/城市	参赛国家和地区（个）	参与人数（人）
中国（日照）大青山国际太极拳大赛网络互动系列活动	第8届	3月20日	—	—	—
法国国际武术艺术节	第35届	3月21日	法国/巴黎	—	300
金丝结一带一路中澳国际武（网络）大赛	第1届	4月13日	—ª	10	808
福建省太极拳运动"云"公益比赛ᵇ	—	4月20日	—	—	145
四川省"云健身"网络运动会太极拳比赛ᶜ	第1届	4月20日	—	—	—
全球太极拳网络大赛分站赛（成都站）	第1届	5月25日	—	—	—
全球太极拳网络大赛（青海站）ᵈ	第1届	5月25日	—	—	—

续表

赛事名称	届份	开幕日	主办国家/城市	参赛国家和地区（个）	参与人数（人）
全球太极拳网络大赛（渝北站）	第1届	5月28日	—	—	
全球太极拳网络大赛（北京站）	第1届	5月30日	—	—	1100
"红棉杯"国际太极拳网络视频大赛	第6届	6月1日	—	—	3000
全球太极拳网络大赛（广东站）	第1届	6月8日	—	—	—
全球太极拳网络大赛（深圳站）	第1届	6月8日	—	—	—
全球太极拳网络大赛（海南站）	第1届	6月10日	—	12	873
全球太极拳网络大赛（24式简化太极拳）	第1届	6月25日	—	12	4335
全球太极拳网络大赛（衡水站）	第1届	6月27日	—	—	356
全球太极拳网络大赛（沧州站）	第1届	7月1日	—	—	275
全球太极拳网络大赛（保定站）	第1届	7月1日	—	—	227
全球太极拳网络大赛（荆州站）[e]	第1届	7月1日	—	1484	1000
全球太极拳网络大赛（宜昌站）[f]	第1届	7月1日	—	—	943
全球太极拳网络大赛（武当山站）[g]	第1届	7月1日	—	—	430
全球太极拳网络大赛（郑州站）	第1届	7月1日	—	9[h]	874
全球太极拳网络大赛（感恩太极大学堂站）	第1届	7月1日	—	—	

续表

赛事名称	届份	开幕日	主办国家/城市	参赛国家和地区(个)	参与人数(人)
全球太极拳网络大赛(时代武术院站)	第1届	7月1日	—	—	748
全球太极拳网络大赛(黄山站)	第1届	7月1日	—	—	—
全球太极拳网络大赛(河北王其和太极拳协会站)	第1届	7月6日	—	—	838
"中国体育彩票"全球太极拳网络大赛(重庆涪陵站)	第1届	7月17日	—	—	—
全球太极拳网络大赛(甘肃站)	第1届	7月20日	—	—	630
全球太极拳网络大赛(浙江大学站)	第1届	7月21日	—	9[i]	701
全球太极拳网络大赛(河北永年站)	第1届	7月23日	—	—	841
全球太极拳网络大赛(焦作站)	第1届	8月1日	—	—	645
中国陈家沟陈式太极拳国际交流大赛	第5届	8月2日	中国/陈家沟	—	300
全球太极拳网络大赛"四十二式太极拳竞赛套路"比赛	第1届	8月4日			
国际网上武术公开赛事	第1届	8月8日	—[j]	20	300
烟台国际武术节	第17届	8月8日			
全球太极拳网络大赛(杭州站)	第1届	8月18日			
"兰玲杯"世界太极拳网络大赛	第1届	8月18日	—	—	686
巴蜀武术国际交流大会	第11届	8月22日	中国/成都		1000
全球太极拳网络大赛(嘉兴站)	第1届	8月28日	—	—	—
全球太极拳网络大赛(武汉站)[k]	第1届	9月1日	—	—	—
"君正杯"全球太极拳网络大赛(文山站)	第1届	9月1日	—	29	3400
全球太极拳网络大赛(42式太极剑)	第1届	9月13日	—	—	—

续表

赛事名称	届份	开幕日	主办国家/城市	参赛国家和地区（个）	参与人数（人）
大连国际武术文化节[l]	第15届	9月25日	中国/大连	—	
全球太极拳网络大赛（襄阳站）[m]	第1届	10月1日	—	7[n]	780
美国新英格兰国际武术锦标赛	第10届	10月1日			
中国·汤阴"忠孝杯"中华武术岳家拳大赛	第4届	10月15日	中国/汤阴	15	781
全球太极拳网络大赛（42式太极扇）	第1届	10月22日	—		
中国·金华国际武术节[o]	第4届	10月30日	中国/金华	1[p]	1356
全球太极拳网络大赛（黄梅站）	第1届	11月1日			
新乡南太行国际武术文化旅游节	第5届	11月15日	中国/新乡	—	900
海南亚太国际武术公开赛	—	11月28日	中国/琼海	1[q]	967
全球太极拳网络大赛（八法五步）	第1届	12月10日			
大连市东北亚搏击邀请赛暨首届大连市自由搏击锦标赛	—	12月13日	中国/大连	甘井子万达广场	400
武术散打世界杯	第10届	延期	澳大利亚/霍巴特	—	—
世界青少年武术锦标赛	第8届	延期	摩洛哥/拉巴特	—	—
世界太极拳锦标赛	第4届	延期	意大利/卡塔尼亚	—	—
武术套路世界杯	第3届	延期	日本/东京	—	—
香港国际武术比赛	第15届	延期	中国/香港	—	—

注："参与人数"一栏包括运动员、教练员、裁判员、官员等，但不能做到精细化，具体数字待进一步核实，"参赛国家和地区"一栏部分数据也为约数。a. 中国国际教育电视台、澳大利亚武术委员会等联合主办；b. 该项活动后来并入全球太极拳网络大赛（福建站）；c. 该项活动后来并入全球太极拳网络大赛（四川站）；d. 暨青海省首届武术网络大赛；e. 暨2020年湖北省"百千万"全民健身武术系列赛事；f. 暨2020年湖北省"百千万"全民健身武术系列赛事；g. 暨2020年湖北省"百千万"全民健身武术系列赛事；h. 中国、法国、美国、阿根廷、乌拉圭、贝宁、南苏丹、多米尼加、古巴；i. 中国、马来西亚、日本、美国、法国、澳大利亚、加拿大、新加坡、文莱；j. 欧洲武术友好交流协会主办；k. 暨2020年湖北省"百千万"全民健身武术系列赛事；l. 暨第3届辽宁国际武术文化节；m. 暨2020年湖北省"百千万"全民健身武术系列赛事；n. 中国、法国、日本、波兰、挪威、立陶宛、荷兰；o. 包括长三角区域城市传统武术大赛和青少年武术散打精英赛；p. 参赛人员来自长三角地区的五省一市；q. 参赛人员来自全国16个省区市的98支代表队。

资料来源：整合自中国武术协会官网、国际武术联合会官网、新浪网、搜狐网、腾讯网、太极网等相关网络信息。

在以上所列 2020 年举办的 57 个国际性武术赛事活动（包括原定举办而延期的）中，45 个活动采用网络形式举办（包括 2 个线上与线下相结合举办的赛事活动，即烟台国际武术节和大连国际武术文化节），占比 79%。其中，2 个网络形式武术赛事，即金丝结一带一路中澳国际武术（网络）大赛、国际网上武术公开赛事由中外相关武术组织联合举办，美国第 10 届新英格兰国际武术锦标赛也采用网络形式，由美国玛丽太极功夫学校主办，其他 42 个活动的主办方均为中国武术组织。原定于境外举办的 7 个赛事活动中，由于受疫情影响，1 个（即美国新英格兰国际武术锦标赛）改为线上形式，5 个被迫延期，唯一得以如期举行的是第 35 届法国国际武术艺术节。其时，法国的疫情形势尚且不甚严峻。然而，在随后疫情肆虐全球的日子里，境外国际性武术竞赛表演活动几乎陷入停顿状态。事实上，网络形式的武术赛事活动已经打破和超越地理意义上的空间限制，然而参加赛事活动的武术爱好者仍然以中国人以及旅居海外的华人为主。

在 45 个网络形式的武术赛事活动中，36 个活动的主办方为中国武术协会，具体承办方则为各地武术组织和社团。这些活动几乎全部为公益性质，旨在增强各国民众抗击疫情的信心，增进团结和交流，故而不收取任何费用。事实上，中国武术协会牵头发起的全球太极拳网络大赛原定分 5 个阶段开展 38 场活动，由于疫情原因，重庆江津站与新疆生产建设兵团站的活动未能如期举办，其余 36 个太极拳网络大赛由于疫情形势与抗疫需要，在此期间又有一些整合或调整，如福建站与四川站的活动，原本分别是福建省太极拳运动"云"公益比赛与四川省"云健身"网络运动会太极拳比赛，属于国内省级性群众网络太极拳赛事，但是随着疫情防控形势的需要，而整合为国际性的全球太极拳网络大赛。湖北省武当山、荆州、武汉等站点的全球太极拳网络大赛，同时也属于 2020 年湖北省"百千万"全民健身武术系列赛事。由于湖北是疫情防控形势最严峻的省份，7 月 1 日才启动荆州站、武当山站赛事活动，尤其是 9 月 1 日启动的武汉站全球太极拳网络大赛，对于向全球展示湖北人民乐观有为、奋发向上的精神，激发全球民众抗击疫情的信心、决心，消除疫情所带来的忧郁情绪等，均发挥了重要作用。然而，30 多场太极拳网络大赛密集开展，不少人员重复投递参赛作品，再加上疫情时有反复，以及网络时代信息冗余等情况，给赛事的统计工作带来不便。当然，在疫情面前，全球武术爱好者积极参与这样的赛事活动，其在政治、社会和精神层面上的溢出价值要远远大于赛事本身及其产业层面的经济价值。

在网络形式的武术赛事活动方面，除了有官方色彩浓郁的中国武术协会主办的全球太极拳网络大赛系列赛事之外，代表社会力量、具有民间色彩的太极网所主办的2020"红棉杯"第6届国际太极拳网络视频大赛和承办的2020首届"兰玲杯"世界太极拳网络大赛也取得了巨大成功。太极网创立于1997年，是太极武术领域较早开展互联网融合模式的网站。根据其官网介绍，"太极网立足太极拳发源地，有着得天独厚的文化资源优势。植根温县，面向全球，太极网经过多年的努力，现已发展成为集太极文化传播、武术产业经营于一体的太极文化产业平台，致力于传承、传播、培训、赛事、旅游、太极服饰的太极文化产业生态圈建设，服务于全球太极拳爱好者及各流派太极拳传承人"①。早在2005年，太极网就策划组织"焦作山水杯"国际太极拳DV大赛，积极探索"互联网+武术"融合发展的产业模式。从2015年开始，结合自媒体网络传播的风潮，太极网举办国际太极拳网络视频大赛（见表4），成为网络时代武术赛事的先行者。

表4　国际太极拳网络视频大赛一览

届份	年份	冠名	参赛国家和地区	参与人数（人）	参赛作品（个）	展播期间访问量（万次/天）
第1届	2015	—	—	—	469	40
第2届	2016	—	—	—	—	316
第3届	2017	森雨杯	—	600	711	386
第4届	2018	怀山堂杯	—	1000	1146	714
第5届	2019	瓣手杯	—	2000	1190	720
第6届	2020	红棉杯	—	3000	2097	1770

注：表中部分数据为约数。

资料来源：太极网。

---

① 《太极网—始于1997专注太极文化传播推广20余载》，太极网，2019年8月1日，https://www.taiji.net.cn/article - 25357 - 1.html，最后访问日期：2021年4月10日。

除了承办国际性的太极拳网络视频大赛，太极网还积极参与组织针对国内习武群体的各种形式的太极拳网络赛事（见表5）。这些网络赛事大多采取商业赛事的模式，积极与各种企业集团合作，通过冠名的方式获得投资，而且以收取报名费、参赛费、广告费等方式开拓收益渠道，在支持赛事顺利运行的同时获取商业利润，推动"互联网＋武术"融合产业繁荣发展。

表5　2020年太极网组织参与的太极拳网络赛事一览

赛事名称	冠名	主要合作方	参与人数（人）	参赛作品（个）	展播期间访问量（万次/天）
首届太极云竞赛	新安杯	深圳市宝安区新安街道宣传工作部	—	595	133
第6届国际太极拳网络视频大赛	红棉杯	焦作市红棉鞋业有限公司	3000	2000	1770
第二届大拳师太极（八法五步）网络大赛	红棉杯	焦作市红棉鞋业有限公司	—	—	—
首届贺州市武术网络大赛	—	广西八极文化有限公司	—	210	34
西安武术"迎全运"网络视频大赛	—	西安市武术协会	1000	881	440
太极拳网络公益大赛	乾程杯	中和乾程科技发展有限公司	—	—	—
开封太极拳网络大赛	鸿信杯	开封市武术协会	400	248	56
首届乐道太极精英网络大赛	—	南宁市乐道太极院、西安乐道太极馆	200	134	44
居家健身太极网络公益大赛	—	温县武术协会	1000	922	540
首届"尊古"太极精英网络大赛	—	温县庆州武院	500	—	131
第二届甘肃省太极拳网络大赛	—	甘肃省太极拳协会	500	522	116
首届三亚太极拳网络大赛	—	三亚市武术协会	—	231	33
首届攀枝花太极拳网络大赛	—	攀枝花故事文化旅游发展集团有限公司	—	40	20

续表

赛事名称	冠名	主要合作方	参与人数（人）	参赛作品（个）	展播期间访问量（万次/天）
首届世界太极拳网络大赛	兰玲杯	北京市武术协会陈式太极拳专业委员会秦兰玲太极拳辅导中心	—	686	176
佛山华南陈氏太极拳馆网络视频大赛	启旺杯	—	—	135	32
襄垣县"全民健身线上运动会"太极拳网络竞赛	—	襄垣县太极拳协会、襄垣县融媒体	—	180	25
海上丝绸之路（汕头）太极拳网络视频大赛	—	广东汕武文化体育投资股份有限公司	500	340	95

注：表中部分数据为约数。
资料来源：太极网。

（三）国际武术联合会主办的官方赛事

国际武术联合会（简称"国际武联"）成立于1990年，总部设在北京，是管理全球武术运动的国际组织，旨在全世界范围内以各种形式发展和推广武术运动。截至2020年底，国际武联拥有142个会员协会。国际武联主办的官方赛事包括世界武术锦标赛、世界青少年武术锦标赛、世界传统武术锦标赛、世界太极拳锦标赛、武术散打世界杯、武术套路世界杯等6项国际赛事。这些赛事均是每两年举行一次。其中，世界武术锦标赛在奇数年举行，世界传统武术锦标赛前6届在偶数年举行，从第7届（2017年）开始改为奇数年，其他4项赛事在偶数年举行。受新冠肺炎疫情影响，原定于2020年、2021年举行的赛事不得不延期举行（见表6）。

表6　国际武术联合会主办的官方赛事一览

赛事名称	首届主办国家/城市/年份	最近一届主办国家/城市/年份/届份	备注
世界武术锦标赛	中国/北京/1991	中国/上海/2019/第15届	2021年第16届于美国达拉斯举行（延期）
武术散打世界杯	中国/上海/2002	中国/杭州/2018/第9届	2020年第10届于澳大利亚霍巴特举行（延期）
世界传统武术锦标赛	中国/郑州/2004	中国/峨眉山/2019/第8届	2021年第9届于中国峨眉山举行（延期）
世界青少年武术锦标赛	马来西亚/吉隆坡/2006	巴西/巴西利亚/2018/第7届	2020年第8届于摩洛哥拉巴特举行（延期）
世界太极拳锦标赛	中国/都江堰/2014	保加利亚/布尔加斯/2018/第3届	2020年第4届于意大利卡塔尼亚举行（延期）
武术套路世界杯	中国/福州/2016	缅甸/仰光/2020/第2届	2020年第3届于日本东京举行（延期）

资料来源：整合自中国武术协会官网、国际武术联合会官网等相关网络信息。

1. 世界武术锦标赛

世界武术锦标赛（简称"世武赛"）是当前武术领域最高级别的国际赛事之一。由国际武术联合会主办，各武术会员国轮流举办，每两年举行一次（见表7）。该项赛事于1991年首次举办，包括套路和散打两个大项。2019年10月19~23日，第15届世界武术锦标赛在上海举行。本届赛事有来自102个国家和地区的1100余名运动员、教练员、裁判员、官员和嘉宾相聚上海，共赴盛会。其中，套路比赛包括男子、女子共26个项目，散打比赛包括男子、女子共18个项目。

表7　历届世界武术锦标赛

届份	年份	主办国家	主办城市	参赛国家和地区（个）	参与人数（人）
第1届	1991	中国	北京	31	498
第2届	1993	马来西亚	吉隆坡	45	600
第3届	1995	美国	巴尔的摩	55	880

续表

届份	年份	主办国家	主办城市	参赛国家和地区(个)	参与人数(人)
第4届	1997	意大利	罗马	59	700
第5届	1999	中国	香港	59	362
第6届	2001	亚美尼亚	埃里温	30	300
第7届	2003	中国	澳门	58	400
第8届	2005	越南	河内	61	1000
第9届	2007	中国	北京	89	1500
第10届	2009	加拿大	多伦多	72	700
第11届	2011	土耳其	安卡拉	83	700
第12届	2013	马来西亚	吉隆坡	80	1300
第13届	2015	印度尼西亚	雅加达	74	904
第14届	2017	俄罗斯	喀山	64	900
第15届	2019	中国	上海	102	1100

注:"参与人数"一栏有的仅指运动员人数,有的包括教练员、裁判员、官员等,且大多为约数。由于统计标准不一,故仅作为参考。

资料来源:整合自中国武术协会官网、国际武术联合会官网、中国知网、万方数据等相关网络信息。

世界武术锦标赛是国际武术赛事中规格最高的大赛之一。自1991年举办以来,参赛国家和地区大致呈上升趋势。其中,2001年于亚美尼亚举行的第6届世武赛,参赛国家和地区数目降低为30个,与当年美国爆发"9·11"事件和美国攻占阿富汗的政治事件不无关系。以第6届世武赛为分界,此前的参赛国家和地区在60个以下,此后的数目大多保持在60个以上,2019年第15届更是达到102个国家和地区。就主办国家而言,亚洲国家主办了11次①、北美洲国家举办了2次(美国、加拿大)、欧洲国家举办了2次(意大利、俄罗斯),非洲国家、南美洲国家与大洋洲国家尚未主办该赛事。受疫情影响,原定2021年于美国达拉斯举行的第16届世界武术锦标赛不得不延期到2023年举行,疫情防控常态化时期的国际

---

① 土耳其为地跨欧亚两大洲的国家,然而2011年第11届世界武术锦标赛举办地为土耳其首都和第二大城市、地处小亚细亚的安卡拉,故算作亚洲地区举办。

武术赛事将迎来重大挑战。

中国作为武术运动的发源地与主导者，共主办了 5 次世界武术锦标赛。在 1990 年第 11 届北京亚运会上，武术首次入选亚运会竞赛项目，国际武术联合会也于同年成立。故而 1991 年于北京举办首届世武赛，在世界武术发展史上具有标志性的重要意义。2007 年第 9 届世武赛再次落户北京，则与北京于 2008 年举办第 29 届奥运会不无关系。1999 年第 5 届世武赛与 2003 年第 7 届世武赛分别落户香港与澳门，则与两地回归中国具有一定的关联。2019 年第 15 届世界武术锦标赛主办城市为上海，则与上海作为中国的经济中心具有重要关系。通过积极主办世界武术锦标赛，中国用实际行动支持和推动武术运动的世界性发展，促进中华武术文化与世界文明的交流互鉴。与此同时，以不同主办城市为窗口，通过举办武术赛事活动，向世界各国人民展现中国自改革开放以来所取得的巨大成就，发挥了武术运动及其文化所特有的社会作用。

2. 世界传统武术锦标赛

中华武术源远流长，拳种丰富，博大精深。为了迅速与现代体育赛事接轨，弘扬武术文化和精神，自新中国成立以来，尤其是改革开放以来，在传统武术基础上，我国参照国际体育赛事通行做法，进行了竞技武术的标准化改革，以套路和散打为主的竞技武术得到快速发展，世界武术锦标赛、武术套路世界杯、武术散打世界杯等国际赛事如火如荼地开展。为了更好地弘扬和发展中华武术，全面系统地弘扬传统武术的技击理念与文化，促进世界传统武术的交流，增进各国人民的友谊与加强各国人民的团结，在国际武术联合会和中国武术协会共同推动下，从 2004 年开始由中国主办两年一届的世界传统武术节，从 2008 年第 3 届开始改名为世界传统武术锦标赛。由于特殊原因，原定于 2016 年的第 7 届世界传统武术锦标赛改期至翌年举行。2019 年 6 月 16～18 日，第 8 届世界传统武术锦标赛于四川峨眉山顺利举行，来自全球 48 个国家和地区 5300 余名武术精英参加比赛（见表 8）。比赛主要包括拳术类（个人）、器械类（个人）、对练类、集体类四大项目共 300 多个小项。

表8　历届世界传统武术锦标赛

届份	年份	主办国家	主办城市	参赛国家和地区(个)	参与人数(人)
第1届	2004	中国	郑州	62	2100
第2届	2006	中国	郑州	66	2008
第3届	2008	中国	十堰	69	2000
第4届	2010	中国	十堰	83	2200
第5届	2012	中国	黄山	55	2865
第6届	2014	中国	池州	45	2100
第7届	2017	中国	峨眉山	57	3800
第8届	2019	中国	峨眉山	48	5300

注："参与人数"一栏包括运动员、教练员、裁判员、官员等，但不能做到精细化，具体数字待进一步核实。

资料来源：整合自中国武术协会官网、国际武术联合会官网、中国知网、万方数据等相关网络信息。

　　与创始于1991年的世界武术锦标赛相比，世界传统武术锦标赛开始于2004年，起步较晚，但两种赛事均是目前规格最高的国际武术赛事。相对而言，世界武术锦标赛更多地依据竞赛武术的规则与标准，参赛人员多是职业运动员，技术水平更高，竞赛更为激烈。世界传统武术锦标赛则专注于传统武术的挖掘、传承与弘扬，更多地关注传统武术的大众参与度和文化普及度。世界传统武术锦标赛期间还举办多场文艺节目会演、武术名家讲坛、体育商品展销、文化旅游考察、摄影作品展览、书画展、美食节等活动，使之成为一场具有全民狂欢性质的武术文化盛会。

　　由于练习传统武术的人口大部分在中国国内，国外传统武术练习人口目前仍在培养过程中。相对而言，国外武术人口更多地对竞技类武术比较熟悉，其传统武术的技术水平仍然存在较大提升空间。故而在比赛项目的设置方面，区分为境内组和境外组。尽管意大利、俄罗斯等国家有意申请主办赛事，但是截至第10届（2023年），仍然将赛事放在中国来举行。就历届参加世界传统武术锦标赛的国家和地区数量而言，2010年第4届达到高峰（83个），此后总体呈现下降趋势，可能与传统武术在海外推广工作的滞后有一定关系，也与传统武术拳种繁多、技术标准多样、较难大批量推广具有相关性。然而就参与人数而言，其总体呈现平稳上升趋势，显示出世界传统武术锦标赛的溢出效应更为明显，对于中国武术竞赛表演及其产业发展而言是利好信息。

在赛事主办地的选择方面，也充分考虑到传统武术的地域性，截至2019年，已经分别在河南郑州（嵩山）、湖北十堰（武当山）、安徽黄山、池州（九华山）、四川峨眉山等武术之乡举办了8届世界传统武术锦标赛。由于受新冠肺炎疫情影响，原定于2021年第9届、2023年第10届世界传统武术锦标赛分别延期至2023年和2025年举行。

三 2019~2020年武术竞赛表演活动的主要特征及其发展建议

（一）2019~2020年武术竞赛表演活动的主要特征

一是参与武术竞赛表演的人群仍然以华人居多。作为武术的发源地与习武人群的集中地，中国仍然是世界上举办各种类型武术竞赛表演活动的主要国家之一。随着全球化的快速发展，武术运动越来越受到世界各国人民的喜爱，但是在世界范围内练习武术的人群，从绝对数量上来说，仍然以华人为主，这与华人在世界范围内的移民活动有关。在海外组织参与武术竞赛表演的人群也以华人为主，非华裔人群中习武的数量仍然不多。

二是官方主导的武术赛事活动影响较大，具有民间色彩的武术赛事活动处于辅助地位。从世界范围而言，国际武术联合会是当前最大规模、最具有权威性的世界武术管理机构和国际组织。国际武联主办的世界武术锦标赛、世界传统武术锦标赛、世界青少年武术锦标赛等六大赛事是参与人数最多、影响最为广泛的武术赛事活动。相对而言，无论是国外组织策划的、具有民间色彩的武术赛事活动，还是国内主要由社会力量推动的武术竞赛表演活动，以及武术企业推出的商业性赛事活动，就社会影响角度而言，相对于广泛主导的赛事活动，其仍然处于辅助地位。

三是武术竞赛表演活动的市场化、产业化仍有不足。无论是官方主导的武术竞赛表演活动，还是由社会力量组织策划、非官方性质的武术赛事活动，在市场化、产业化方面的表现仍有不足之处，主要表现为管理理念较为传统，经营模式较为僵化，未能开展前期市场调研，未能精准定位潜在目标消费人群，未能充分调动参与人群的积极性、主动性，未能充分挖掘武术赛事活动的潜在商业价值，未能实现市场优化培育与产业结构最优调整，竞赛表演活动的资本化运作体量不大，运作模式缺乏精细化操作，等等。相对而言，由社会力量主办的武术赛事面临生存压力，尤其是武术企业参与其中的商业化竞赛表演活动，虽然更能够充分调配市场资源，合理使用资金，充分调动参与人群的动力与活力，但是因为处于辅助地位，体量不大，未能产生广泛影响。

四是新冠肺炎疫情倒逼武术竞赛表演形式改革，催动"互联网＋武术"融合发展不断创新。早在2015年7月4日，国务院就印发了《关于积极推进"互联网＋"行动的指导意见》，指出互联网与各领域的融合发展具有广阔前景和无限潜力，已成为不可阻挡的时代潮流，要求进一步深化互联网与经济社会各领域的融合发展，进一步增强互联网支撑大众创业、万众创新的作用，致力于形成网络经济与实体经济协同互动的发展格局。由于武术产业存在市场理念不明朗、产业意识不强、市场主体竞争力较弱、开放合作程度不高等问题，包括武术竞赛表演在内的武术产业在"互联网＋武术"融合发展方面进展迟缓。2020年新冠肺炎疫情在全球肆虐，许多国家和地区的社会生活一度陷入停摆境况。然而，社会经济领域的复工复产又刻不容缓，于是催生了各种形式的在线业务和"云"现象，譬如视频会议、雨课堂、在线问诊、远程办公、运动打卡、云太极、云讲座、云聚餐等，加速了"互联网＋"时代的到来。对于武术竞赛表演而言，由于疫情防控的要求，许多活动改为线上进行，武术健身专家纷纷在网上推出八段锦、五禽戏、太极拳等教学视频，带动数亿民众居家健身，中国武术协会推出的全球太极拳网络大赛对全球民众居家锻炼、抗击疫情、增强信心、共建人类健康卫生共同体发挥了重要作用。"互联网＋武术"融合发展模式不断得以创新和深化，为疫情防控常态化时期武术竞赛表演活动开辟了新空间。

（二）疫情防控常态化时期武术竞赛表演活动的发展建议

一是在巩固华人群体练习武术的基本前提下，以武术职业化为切入点，立足中国，面向世界，进一步推动武术"走进去""走出去"。所谓武术"走进去"，是指通过各种方式，让武术及其文化走进普通人民群众的日常生活之中，成为群众日常生活不可分割的重要组成部分。就此而言，武术的健身养生功能可以发挥关键作用，以太极拳、八段锦、五禽戏、养生推手为代表的健身休闲类武术拳种和功法在推广武术运动方面具有天然的优势，这也正是《武术产业发展规划（2019—2025年）》特别推出"太极拳健康工程"的用意所在。所谓武术"走出去"，是指通过各种渠道和平台，在世界范围内推广武术运动，从群体武术和职业武术两个维度切入，使得武术真正成为具有世界影响力的国际性运动项目。其中，通过各种赛事活动的"虹吸效应"，尤其尝试从散打项目突破，打造武术散打赛事品牌，形成市场规模，培养职业化的武术运动员，提高职业武术的成熟度和规范化水平，在世界范围内引领武术运动的风潮。

二是建立健全武术事业发展的规章制度，规范武术组织，进一步培育武术产业的市场环境和社会力量。继承、发展和弘扬中华武术文化，普及群众性武术运动，促进武术运动理论和技术水平的提升，推动武术"走出去"，增进人类健康福祉，是武术人为之共同奋斗的事业目标。从事武术工作和参与武术运动的各种组织、社团、机构和个人，是增加武术产品与服务供给、促进武术消费、推动武术事业的产业化发展、激发武术产业活力的重要社会力量，激发其活力和创造性，充分发挥这股力量所蕴含的经济潜能、社会服务和文化凝聚的作用，对于促进武术产业繁荣发展具有重要意义。

三是提高学习能力，改变经营理念，挖掘武术竞赛表演的发展潜力，加强武术事业的产业化转型与发展，进一步提升武术的产业化水平。组织开展

各种形式的政策学习会，领会《关于加快发展体育竞赛表演产业的指导意见》《武术产业发展规划（2019—2025年）》等相关文件精神；系统学习市场经济基本理论，强化产业意识，改变经营理念，注重产品研发与提升服务水平，积极打造具有中国特色的世界级武术赛事品牌，构建立体式、多元化赛事体系；培育武术表演团体，整合培训、竞赛、表演、宣传领域资源，开发精品武术表演节目，积极开辟表演市场，提升精品节目的市场价值；加强人才培养，特别是将管理、经济、营销方面的优秀人才引进武术产业领域，整合社会资源与人才资源，凝聚武术社会力量，挖掘武术产业新的增长点，加快武术产业结构改革，提升产业能级，促进融合发展。

四是抓住机遇，迎接挑战，在疫情防控常态化时期，进一步探索"互联网＋武术"融合发展的新模式，打造优质赛事品牌和表演节目，做强武术竞赛表演。疫情防控常态化时期的2021年，武术产业在面临严峻挑战的同时，也面临新的发展机会。应当整合互联网资源与武术产业资源，积极探索"互联网＋武术"融合发展的新模式。依据相关政策文件，充分利用移动互联网、物联网、云计算等新技术，构建"智慧武术"服务网络和平台，拓展"互联网＋武术"新领域。积极打造线上形式的武术赛事品牌与表演节目，创新线上武术赛事活动的消费模式，提升消费的互动性与分享性，优化消费结构，引领无边界消费理念，营造良好的市场氛围，优化和重塑武术产业结构，提升产业能级。

参考文献

郭芬鹏、曹电康、李晓栋、赵岷、于海莲：《武术表演文化的功能及发展路径研究》，《体育科技》2021年第2期。

李慎明主编《世界太极拳发展报告（2019）》，社会科学文献出版社，2020。

李颖川主编《中国体育产业发展报告（2019）》，社会科学文献出版社，2019。

芦胜男、马勇志、张继东：《后疫情时期中国武术产业高质量发展的实现路径》，《首都体育学院学报》2021年第2期。

王杰、代梧佑：《传播学视角下国际竞技武术赛事的理性分析》，《武术研究》2021年第6期。

薛更新、杨洪发：《基于观众心理学的武术商业化表演传播策略》，《文体用品与科技》2020年第4期。

殷鼎：《我国武术赛事70年发展回顾与展望》，《山东体育学院学报》2020年第5期。

B.3
2019~2020年中国武术企业发展报告

卞景　时婧　杨普春　屈燕飞*

摘　要：　本报告梳理了中国武术企业的发展现状，剖析了中国武术企业存在的问题，并提出相关应对策略。现阶段，武术企业随着武术事业的进步而不断发展，在规模上、数量上呈上升趋势，新的武术企业在持续诞生，出现了多种经营模式，取得了一定的成绩。武术企业存在的问题主要表现为起步较晚，总体规模还十分狭小，在体育企业中并不占优势，缺少综合性的经营管理人才，在产品研发上较弱，创新性不足，市场较为混乱，没有统一的标准，缺乏品牌建设。在未来的发展中，武术企业要抓住时代机遇，拓宽发展思路，开发武术市场新领域，不断做大做强；培育一批优秀的武术企业家，提升经营人员的管理能力，健全武术市场的法律制度；加强武术产业的品牌建设，创建一批高端企业，推动武术产业的发展。

关键词：　武术企业　武术产品　品牌文化

2019年7月18日，国家体育总局等14部委联合印发《武术产业发展

---

* 卞景，哲学博士，北京体育大学中国武术学院讲师，研究方向为中国古代哲学、武术历史、武术产业；时婧，历史学博士，北京体育大学中国武术学院讲师，研究方向为中国思想史、武术文化、太极拳运动；杨普春，哲学博士，宝鸡文理学院哲学系副教授，研究方向为道家身体哲学、武术文化、武术产业、体育课程与教学论；屈燕飞，哲学博士，台州学院人文学院讲师，研究方向为中国古代哲学、道家养生文化。

规划（2019—2025 年）》，明确提出要培育市场主体，支持武术企业发展，丰富市场供给，打造武术服务业精品工程和休闲类武术服务综合体。我国武术产业起步较晚，武术企业的市场运作不甚成熟，武术产业的经营管理人才严重匮乏，武术产品与服务供给及其市场消费疲软，产业规模不大，产业结构不够合理。尽管如此，随着多年探索与积累，尤其是进入新时代以来，在利好政策影响下，武术企业得到多元化发展，日渐成熟。尽管 2020 年新冠肺炎疫情给武术企业和武术社会组织带来一定冲击，但是"互联网 + 武术"的新业态给武术企业的融合发展带来新的空间，为 2021 年疫情防控常态化时期的武术产业发展聚力蓄能。

一　武术企业的发展现状

（一）武术企业规模不断增长

1982 年，自李连杰主演的电影《少林寺》热播之后，全国人民掀起了一股武术热，有关武术器材、服装、培训的需求得到很大的提升，带动了武术产业的兴起，一批武术企业也逐步诞生，如平阳县武术器械厂、温州市状元武术器械厂、永嘉县东岸武术工艺器械厂等。20 世纪 90 年代末期，武术管理部门开始关注到武术行业的市场潜能，逐步与一批企业进行合作，促进武术的产业化发展。中国武术协会成立武术产业发展委员会，注重开发武术产业项目，相继与有关企业联手成立了上海泰戈武术发展有限公司、北京中鼎国际武术发展有限公司和北京中武奥体武术发展有限公司，举办了大型的武术赛事和武术文化活动，如世界太极拳健康大会、中国武术散打王争霸赛、武术散打世界杯等，取得了显著的经济效益。此外，如登封嵩山少林文化传媒有限公司、登封慧闻彩虹少林武术文化博览有限公司等企业依靠少林武术的品牌，积极开拓武术培训、武术教育等市场，有力地推动了武术产业化的进程。

近几年武术企业取得一定的发展，在规模上、数量上都有所增长。通过"爱企查"企业信息查询平台搜索，截至 2020 年 12 月全国范围内以"武

术"为关键词命名的企业共 4820 家，包括以"武术文化""武术培训""武术俱乐部""武术教育""武术产业"等为关键词命名的企业。其中，武术文化类的企业有 752 家，如北京育龙武术文化传播有限公司、天津振华武术文化传播有限公司、广东杰龙武术文化有限公司等。武术培训类的企业有 643 家，如潍坊腾龙武术培训有限公司、南京汇武武术培训有限公司、东莞市明德武术培训有限公司等。武术俱乐部类的企业有 289 家，如上海加华武术俱乐部有限公司、四川鑫度武术俱乐部有限公司、陕西大鹏武术俱乐部有限公司等。武术教育类的企业有 30 家，如吉林省精武门武术教育集团有限公司、深圳市浩东武术教育有限公司、武冈德有武术教育有限公司等。武术产业类的企业有 17 家，如贵州天下武林武术产业发展有限公司、桂林市龙武在天武术产业发展有限公司、广西壮武天下武术产业发展有限公司。武术器械或器材类的企业有 12 家，如焦作市圣锦武术器械有限公司、定州市武备堂武术器材有限公司、河北瑞盛铭搏武术器材有限公司等。①

还有以具体拳种命名的武术企业，尤其以"太极拳"为关键词命名的最多，有 160 家企业，如陈家沟太极拳武馆有限公司、温县太极拳文化产业发展有限公司、山西杨氏太极拳文化传播有限公司等。以"咏春"为关键词命名的有 106 家企业，如福建咏春文化传播有限公司、佛山梁健华咏春文化传播有限公司、蔡氏咏春拳（深圳）有限公司等。以"形意拳"为关键词命名的有 42 家企业，如山西形意拳文化产业有限公司、山西宋氏形意拳文化传播有限公司、河南形意拳传统文化发展有限公司等。以"八卦掌"为关键词命名的有 10 家企业，如文安县八卦掌文化发展有限公司、沁阳市马坡八卦掌文化产业有限公司等。

2019～2020 年两年时间内，全国成立的武术企业共有 269 家。其中，广东省成立的最多，共有 44 家武术企业，如广州国武武术搏击俱乐部有限公司、珠海弘武武术文化传播有限公司、东莞市明德武术培训有限公司等，占全国两年内新成立的武术企业总数的 16.4%。其次是山东省，成立了 33

---

① "爱企查"企业信息查询平台，https：//aiqicha.baidu.com，最后访问日期：2021 年 5 月 25 日。

家，如山东国技武术有限公司、济南浩翔武术有限公司、潍坊威武武术有限公司等。再次为河南省，成立了 31 家，如河南王庭武术发展有限公司、洛阳天狼武术培训有限公司、河南德志武术文化传播有限公司等。另外，浙江省成立了 12 家，如杭州豪世武术搏击有限公司、温州洪德武术培训有限公司、杭州临安诚武武术培训有限公司等。四川省成立了 11 家，如四川省明德武术文化传播有限公司、成都汉斌武术有限公司、富顺景龙武术文化传播有限公司等。武术氛围不是那么浓厚、经济条件较为落后的省份成立的武术企业相对少些，如贵州省仅成立了 6 家，包括贵州国曜武术文化传播有限公司、贵州赛浪武术传播有限公司等；甘肃省仅成立了 4 家，如兰州张志华武术文化有限责任公司、敦煌市简门武术有限公司等；黑龙江省仅成立了 2 家，为黑龙江嘉年华武术健身有限公司和黑龙江省鸿旸武艺武术俱乐部有限公司。而海南省、青海省、西藏自治区这两年都没有成立新的武术企业。4个直辖市中重庆市成立的武术企业最多，共有 9 家，如重庆聚英武术文化传播有限公司、重庆梅丝武术文化传播有限公司等；其次为上海市，成立了 8 家，如上海祐武武术搏击俱乐部有限公司、上海八鼎武术文化传播有限公司等；北京市成立了 6 家，如北京炼锋号武术文化传播有限公司、北京德武道搏击武术有限公司等；而天津市则没有成立新的武术企业。①

此外，受新冠肺炎疫情的影响，武术培训、武术比赛、武术表演等活动受到限制，企业的发展尤为艰难，2019～2020 年新成立的武术企业中共有 44 家被注销，包括泰安跤龙武术有限公司、济源市明德武术有限公司、潍坊精英武术有限公司、陕西研武堂武术有限公司、北京启超龙武术文化有限公司等。② 这些武术企业从成立到注销都不到两年的时间，充分反映出疫情对市场经济产生了较大的冲击，企业面临很大的生存压力。

---

① "爱企查"企业信息查询平台，https://aiqicha.baidu.com，最后访问日期：2021 年 5 月 25 日。
② "爱企查"企业信息查询平台，https://aiqicha.baidu.com，最后访问日期：2021 年 5 月 25 日。

（二）武术企业的模式具有多样性

我国的经济形势在不断好转，为武术企业的发展提供了很多机遇，同时，全民健身运动、健康中国等国家战略的实施也为武术企业提供了良好的政策保障，奠定了深厚的群众基础，加快了产业化进程。目前，武术企业存在多种发展模式，主要可以归纳为三种类型。第一类是以直接的武术活动为主要业务，如开展武术培训、武术比赛、武术表演等，许多武术文化类、武术培训类、武术教育类的企业就主打这些项目，它们通过开展武术培训、演出、比赛、文化交流等活动而获得盈利。第二类是将武术与其他行业相结合以谋求发展，如将武术与器材制造、服装设计、影视媒体、出版物、医学等相结合，为企业带来更大的发展空间和更多的利润，其中生产武术器材、服装需要与器材厂、服装厂合作研发产品，武术影视媒体则需要与影视公司、新闻媒体机构合作，武术书籍、资料的出版则需要与出版社合作，武医融合的研发则需要与中医合作等。第三类是为了发展武术而开发的各种项目，如武术贸易、金融、房地产或者旅游等，比如有些企业充分利用少林寺、陈家沟、武当山、峨眉山等武术圣地的自然资源、人文资源，大力发展武术旅游业，带动相关武术产业的运营，为武术企业的发展提供了新的思路。

（三）武术企业与武术事业齐头并进

武术是我国优秀的传统文化，集修身、健身、防身于一体，拥有悠久的历史和深厚的文化内涵，具备良好的养生健身功能，容易在广大人群中普及，一些外国朋友也十分喜爱中国武术，可见武术产业具有深厚的群众基础和广阔的发展前景。2020年1月8日，在瑞士洛桑举行的国际奥委会执委会会议见证了武术项目发展的历史性一刻，会议通过了武术列入第4届青年奥林匹克运动会正式比赛项目，这是武术首次成为奥林匹克系列运动会正式比赛项目。① 同年12

---

① 《历史性突破！武术成为青奥会正式比赛项目》，"《人民日报》"百家号，2020年1月9日，https：//baijiahao.baidu.com/s？id=1655202483997464122&wfr=spider&for=pc，最后访问日期：2020年10月19日。

月 17 日，我国单独申报的"太极拳"经联合国教科文组织保护非物质文化遗产政府间委员会评审通过，列入联合国教科文组织批准的《人类非物质文化遗产代表作名录》。[①] 从这些事件中可以看到，中国武术的文化价值和体育精神逐渐得到世界的认可，在国际体育赛事中都占有一席之地，不断扩大了国际影响力。中国武术也一直在为加入奥运会而努力，相信在不久的将来定能实现这一目标。武术未来的发展前景会越来越好，无形中产生了很大的经济价值，也为武术企业提供了市场空间，激发了其发展潜力。随着武术事业的蓬勃发展，有关武术的培训、比赛、教育、旅游、器材、服装、影视等市场会越来越广阔，世界范围内的习武人数也会不断增加，不仅国内市场有需求，国际市场也会逐步被打开，武术企业势必水涨船高，承办更多的业务，不断做大做强。

二 武术企业存在的问题

武术是我国悠久历史文化的重要组成部分，其蕴含的强大的族群凝聚力、文化认同感和精神价值是不可估量的，故而武术企业的发展前景也是十分广阔的。然而，就目前的发展情况而言，相比于其他的运动企业，武术企业的发展速度不容乐观。

（一）武术企业起步较晚

我国的体育产业起步较晚，而武术产业又是体育产业之中起步较晚的。直到 1982 年，李连杰主演的电影《少林寺》在全国热播之后，许多武术影视作品相继问世，全国人民掀起了一股武术热，才推动了武术产业的发展，一些武术企业也随着市场的需求而产生。然而，武术企业的市场化经营运作还很不成熟，在规模、结构、产业化程度上同国内其他行业相比，处于弱势地位，与发达国

[①] 《申报成功！"太极拳"列入联合国教科文组织人类非物质文化遗产代表作名录》，"央广网"百家号，2020 年 12 月 18 日，- https：//baijiahao. baidu. com/s？id = 1686393353347 488854&wfr = spider&for = pc，最后访问日期：2020 年 10 月 20 日。

家的体育产业相比则有更大的差距。武术企业整体上规模偏小、基础薄弱、缺乏品牌，没有广泛应用高科技，利润不够丰盈，难以取得可观的经济效益。

（二）武术企业的规模狭小

武术企业虽然取得了一定的发展，但总体而言，规模都较为狭小，总产值不大，长期的市场经营是十分艰难的。有不少武术企业因为亏损而破产，或者因为利润过低而改行经营其他业务。据"爱企查"企业信息查询平台搜索，近10年就有111家武术企业注销，如山东君武门武术有限公司、温县陈辉传统武术文化有限公司、泰安跤龙武术有限公司等①，往往经营不到几年就破产。我国武术用品制造企业作为武术产业的基础，起步较晚，存在很多不足，如规模狭小、技术薄弱、产品质量不高、缺乏品牌建设等，这些都制约着企业的发展规模。一些属于传统手工制作的武术器材企业，其产品形式较为单一、数量不多、制作速度较慢，不能形成大规模的生产，缺乏市场竞争力。如河北定州的一些武术器材企业是家族小作坊式的，往往只有几个工作人员，规模很小，只能勉强维持生计，难以做大做强。

（三）武术经营管理人才不足

人才是企业发展的关键，武术企业的市场化运作需要大批优秀的经营管理人才。目前，武术经营管理人才仍然较为匮乏，制约了武术产业的发展。武术市场缺乏既懂武术又懂市场、知识结构全面且综合能力强的企业家，只有培养一批知识丰富、经营理念先进、技术本领过硬、专项业务熟悉的企业人才，才能加快推动武术产业发展壮大。2013年提出的"一带一路"合作倡议是有效发展武术企业、壮大武术产业、宣传中华武术文化的"钥匙"，然而这不是武术教练所能胜任的，而是需要具有创新、营销才能的复合型武术产业经营管理人才。在武术文化"走出去"的过程中，武术人员的外语沟通能力、

---

① "爱企查"企业信息查询平台，https://aiqicha.baidu.com，最后访问日期：2021年5月25日。

文化修养等是必不可少的，而当前具备这些素质的人员储备又严重不足，武术人员整体的文化水平不高，无法满足目前武术产业的发展需要。

（四）武术企业市场的法制不健全

武术产业缺乏全面系统的法律、法规制度保障，存在不少漏洞，制约了武术企业的市场规模。武术产业化水平参差不齐，许多经营行为不规范，存在不少问题，损害了消费者的权益。近些年某些武术人士自称"武术大师"，开创武术门派，自创武功，招摇撞骗，收取高额费用，造成了不良的社会影响，令社会大众对传统武术产生偏见，也严重阻碍了武术产业化发展。一些人根据法律中存在的漏洞，利用武术进行牟利，投机取巧，不利于武术企业市场的发展。应当健全适应武术产业的法律体系，合理合法地运营武术市场，保障消费者正当权益，促使武术企业朝着健康有序的方向发展。

（五）中国武术企业文化发展缺乏创新

武术企业文化的创新是指在继承优秀传统武术文化的基础上吸收和学习其他武术文化的精髓，舍弃自己落后与陈旧的文化理念与模式，创造出新的武术文化内容、产品或形态。高科技发展的现代社会是一个快速发展、高度融合的新时代，而这一创新形态也必将随着我国经济实力的提升和社会的快速发展而不断更新迭代，但当下武术缺乏创新，制约了武术企业的发展，使其难以紧跟时代的步伐。新时代的武术企业家以及相关人士，无论从事何种职业，都需要不断反思，需要具有不断向其他行业学习的精神，向不同研究领域的学者学习和借鉴，通过合理利用不同的观点、不同的主张发展和服务自己的专业和行业，这样才能更好地促进武术产业及其企业文化的发展。

（六）武术企业缺乏宣传

从武术企业的宣传性来说，由于企业的目的还是营利，一些企业家不可避免地眼界窄，更多地注重于眼前的利润，忽略了武术文化宣传带来的长期效益。武术是中华文化瑰宝之一，大多武术企业还未能充分利用这一文化优

势，过分地宣传了武术强身健体、防身的特点。企业在武术的宣传上要突出自己的新意，发掘武术独特的文化特点、人文精神，这样也可以带动武术相关产品的变革。2008年奥运会的开幕式就充分展现了中华武术的魅力，产生了积极的社会反响。近年来，中国中央电视台、中央人民广播电台等官方媒体也开始注重这方面的宣传，包括实地采访和拍摄少林、武当武术大师的武术，推动了武术文化的传播与传承，对于武术企业的宣传也无疑具有推动作用。但总体而言，在武术文化的正面宣传上还做得很不充分，武术企业需要在这方面多下些功夫，提升社会大众对武术的认同感和热爱，从而也有利于武术产业的发展。

三　武术企业的未来发展对策

（一）抓住时代机遇，拓宽发展思路

新时代大批量的武术影视作品的宣传为武术行业的发展打了一针强心剂，1982年电影《少林寺》的热播，不仅带来了巨大的经济利益，也掀起了全国的习武热潮。随后金庸、古龙等的武侠作品陆陆续续被搬上电视台，国内一些著名的武术影星也在自己的影视作品上展示精彩的武术动作，影响了新一代的青年，促使武术迈向新征程。

国家体育总局等14部委在2019年7月发布了《武术产业发展规划（2019—2025年）》，提出"鼓励有实力的武术企业通过收购、兼并、参股国际品牌，拓展海外市场。重点培育一批'专精特新'中小微武术企业……鼓励国内旅行社和旅游景区设计开发包括武术体验内容的赛事观摩、运动体验、遗产观光、节庆会展、研学旅游线路产品"①。国家相关部门在武术企业的发展规划上仍旧是希望武术企业能做大做强，这就需要企业家充分利用武术这一文化特性，大力发展武术相关产业，通过旅游、影视著

---

① 《〈武术产业发展规划（2019—2025年）〉印发》，国家体育总局网站，2019年7月25日，http://www.sport.gov.cn/n316/n340/c919105/content.html，最后访问日期：2020年10月17日。

作、节庆表演、赛事转播等形式，运营企业文化，树立自己的品牌，不断创新。不能以西方的思想理解中国武术，除了阐述武术的形态和动作之外，我国更要多加展示中华武术文化的"精气神"，拓展武术理念的深度和广度，同时需要结合中国武术的兵家思想、文学艺术、道德伦理，以及中国武术套路的技击谋略、拳种文化，加以综合性地继承、创新与弘扬中国武术。这样才能使中国武术有更加光明的发展前景，武术企业才能取得更为广阔的发展空间。

（二）培育武术企业家，创建实力雄厚的武术企业

对待武术企业家，既要严格要求，寄予厚望，又要加以理解和支持。企业追求利润最大化，在法律允许的范围之内，要鼓励武术企业家利用各种方法提高利润，增加经济收入。可以通过经济效益的吸引力，推动人力资本向武术企业聚集，促使诞生一批优秀的企业家。武术企业家要努力提高自我修养，勇于承担社会责任，不断完善企业治理结构，推动激励机制，与时俱进，深化改革，提高市场竞争力。随着市场秩序的逐步规范和竞争的加剧，一部分企业会遭遇淘汰和整合，有实力、有影响的大中型武术企业也势必会脱颖而出。如果武术企业家能够配合国家总体方针政策，撸起袖子加油干，武术企业就会充满生机、前景光明。

（三）培育优秀的经营管理人才

人才是企业发展的根本，但目前我国仍旧缺乏既懂武术又精通管理的人才。武术企业的发展需要高素质、高水平的专门管理人才，他们要懂得武术市场的经营之道和管理之道。因此，需要对有关人员进行岗位培训和在职进修教育，提高他们的经营能力和管理水平，必要时可以引进既懂经济又懂武术的人才到相关部门从事经营管理工作，加快武术产业的发展。

目前，我国武术经营人才多数来自体育院校，对武术产业的学习还很不足，缺乏管理知识和技能，以后学校武术教育应该在这方面有所加强，以适应武术产业的发展形势。应当完善高校武术专业学生的培养方案，调整课程

大纲设置，提升学生的管理水平和创新能力，着力培养经营管理人才，以有效地解决武术企业管理人才匮乏的问题。

（四）注重开发武术市场新领域

中国武术历史悠久，源远流长，在当今时代依然受到人们的普遍喜爱，拥有广大的练习群体。武术既是宝贵的文化遗产，又是开发、创造财富的重要资源。在我国经济改革的浪潮中，武术必须面向市场，寻求新的发展出路，要由单一化向产业化转变，使得武术与经济紧密结合。对于我国的武术事业而言，开拓新的领域十分重要。武术企业家要不断地尝试转型，紧跟时代步伐，促使武术越来越适应新时代的发展需求。武术管理部门要积极优化武术产业的相关政策，加强与企业、体育院校的合作，采用高新科学技术，提高武术产品质量，打造武术品牌，提升企业经营实力。在武术产业发展的过程中，只有积极打造武术企业，合理地利用武术资源，加强分工与合作，促进技术改良和品牌创新，提高竞争力，才能不断取得辉煌的成绩。

现代人生活压力大，希望身心健康，而武术在强身健体、娱乐休闲等方面有着独特的功效，存在广阔的运用市场。全国总体的武术群众基础还是十分广泛的，武术企业要积极开发武术健身市场，大力发展武术的培训、竞赛、表演等项目。武术健身市场要重点发掘武术中有关强身健体、延年益寿等方面的功效，阐发武术深刻的文化内涵和养生智慧。武术表演市场将注重体现时代感与艺术性，满足消费者的观赏要求，符合现代人的审美。武术赛事市场要将竞技性与观赏性相结合，既符合比赛要求又能精彩好看，才能吸引更多的观众。针对不同的习武人群，也要及时调整市场开发策略。对于少儿而言，武术培训市场还有很大的潜力可挖，要弘扬中华民族的尚武精神，鼓励少儿通过习武活动，锻炼健壮的体魄。对于年轻人而言，要注重将传统与现代相结合，要符合年轻人的喜好，比如搏击、射箭、剑术等在现代社会也是十分时尚的运动项目。对于中老年人而言，相比于技击性，武术的养生功能显得更为重要，因此要注重宣传武术的健身、养生功能，比如练习太极拳、太极扇、八段锦、养生气功等，更能够受到这类人群的欢迎。

（五）加强武术产业的品牌建设

无论是武术企业、武术赛事还是武术产品，都要注重品牌的建设。品牌能够起到引领的作用，带领整个行业的发展。然而当前武术产业的发展还是十分缺乏品牌意识的，有关品牌的建设跟不上时代的需求。《武术产业发展规划（2019—2025年）》指出"打造大型国际太极拳系列品牌赛事，树立太极文化的世界品牌……创新社会力量参与武术赛事的组织方式，构建特色鲜明、形式多样、内容丰富的武术赛事体系，重点培育一批具有中国特色的世界级武术品牌赛事。加强武术赛事无形资产开发和保护，打造一批横跨不同武术门类的本土原创武术品牌赛事"[1]，凸显了品牌赛事在武术产业中的重要性。

在武术器械、服装方面，由于缺乏统一的标准，没有突出的品牌，全国各地武术练习者的服装和使用的武术器材各式各样的都有，因此对每一个品种的需求量就不多，这不利于企业的大规模生产，限制了行业的发展。国家体育、武术管理部门应该统一武术器械和服装的标准，扶持若干品牌企业，促进武术产品的大规模生产和精细化研发，产生一批大型的"高精尖"武术企业，从而有力地推动武术产业的繁荣发展。

参考文献

靳志鑫：《国际视野下的竞技武术器械标准化探析——以棍为例》，第十七届中国标准化论坛论文集，2020。

李梦阳：《武术俱乐部企业文化建设研究》，《文化产业》2021年第20期。

童桂文、陈宣峰：《论大数据时代下武术产业发展的机遇与挑战》，《当代体育科技》2016年第2期。

---

[1] 《〈武术产业发展规划（2019—2025年）〉印发》，国家体育总局网站，2019年7月25日，http：//www. sport. gov. cn/n316/n340/c919105/content. html，最后访问日期：2020年10月17日。

温搏：《双循环经济格局下武术产业高质量发展构想》，《武术研究》2021 年第 4 期。

吴谭锐：《"互联网＋武术教育＋产品销售"平台的建设构想》，《当代体育科技》2020 年第 23 期。

B.4

2019~2020年中国武术
社会组织发展报告

卞景　胡少辉　曲会林*

摘　要： 本报告梳理了中国武术社会组织的发展现状，分析了中国武术社会组织存在的问题，并提出了相关应对策略。现阶段，随着中国武术社会组织的规模不断扩大，全国各省、市、县纷纷成立了新的武术协会，各地的武术社会组织在保护与传承中国武术、积极举办武术赛事、传播武术文化等方面做出了重大贡献。但是武术社会组织普遍面临活动经费紧张、专职工作人员不足、管理理念和制度较为落后、法律制度不健全，运动场地匮乏等问题。在未来发展中，武术社会组织要扩大经费来源渠道，完善组织管理、加强制度建设，积极开展武术社会公共服务，探索"互联网＋"武术文化的传播形式，不断推动武术产业的发展进程。

关键词： 武术社会组织　武术协会　武术文化

武术社会组织是由社会人士自发成立的武术类协会、社团及基金会等，

---

* 卞景，哲学博士，北京体育大学中国武术学院讲师，研究方向为中国古代哲学、武术历史、武术产业；胡少辉，北京体育大学博士研究生，研究方向为民族传统体育学、武术训练学、太极拳产业；曲会林，北京体育大学博士研究生，研究方向为民族传统体育学、散打、武术产业。

面对广大人民群众，组织武术练习、举办竞技活动、传承武术文化，具有非营利性、非政府性以及相对独立性等特性。2019年国家体育总局等14部委联合印发《武术产业发展规划（2019—2025年）》，指出要扶持武术社会组织，加强自身建设，加大政府购买力度，支持武术社会组织发展，培育武术社会力量。中国各类武术社会组织虽然很多，但是存在规范化管理不足、各拳种间发展状况的差异性较大、地区间发展不平衡等现象。尽管如此，在发动社会力量积极阻击新冠肺炎疫情的战役中，各类武术社会组织积极举办网络健身活动，在线讲授太极拳、八段锦、五禽戏等传统养生、健身功法，在增强群众免疫力、凝聚民族自信心等方面发挥了重要作用，充分显示了武术运动及其文化所蕴含的社会能量与良性功能。

一　武术社会组织发展现状

（一）武术社会组织规模在扩大

在两宋时期，民间就广泛出现了以健身娱乐为目的的武艺结社组织。清代末年以后，出现了采取公开招生、统一教学管理的武术社会组织，如北京体育研究社、中华武士会、精武体操学校等，并逐渐向现代转型。新中国成立后，我国武术社会组织的发展迎来了新的契机。1952年国家体委成立后就设置了民族形式体育研究会。1958年9月，中国武术协会成立。1995年全国人民代表大会常务委员会通过《中华人民共和国体育法》，1998年国务院发布《社会团体登记管理条例》，为民间武术社会组织的正规化发展提供了政策保障。2005年，中国武术协会代表大会通过《中国武术协会章程》和《中国武术协会会员管理办法》，使我国武术社会组织走上现代化发展道路。

目前，武术社会组织仍在蓬勃发展，各类武术协会、武术社团、武术研究会等组织数量众多，从全国到省、市、县都有武术协会，可见武术的练习者和爱好者规模还是十分庞大的。通过全国社会组织信用信息公示平台查

询，截至 2020 年 12 月，以"武术"冠名的社会组织有 3536 个，其中社会
团体有 2141 个、民办非企业单位有 1395 个。① 在这些武术社会组织中，省
级、市级、区（县）级的武术协会数量最多，在各个省区市均设有武术协
会，如山东省武术协会、湖南省武术协会、广东省武术协会等。市级、区
级、县级的武术协会数量十分庞大，全国市级的武术协会有 530 个、区级武
术协会有 535 个、县级武术协会有 594 个，如石家庄市武术协会、邯郸市武
术协会、宣化区武术协会、玉田县武术协会等。据统计，武术社会组织在
200 个以上的省份共有 5 个，山东省最多，有 476 个；其次，广东省有 279
个、江苏省有 256 个、河北省有 213 个、浙江省有 211 个。其中，山东、广
东、河北是武术大省，而江苏和浙江是相对富饶的省份。武术社会组织不足
100 个的省区市有 17 个，一般为武术氛围相对淡薄或经济条件较差的地区，
如贵州省为 46 个、海南省为 30 个、青海省为 19 个，最少的为西藏自治区，
仅有 3 个。在 4 个直辖市中，天津的武术社会组织最多，有 39 个；数量最
少的为北京，有 28 个武术社会组织，但每个区都有武术协会，如北京市海
淀区武术运动协会、北京市房山区武术运动协会、北京市通州区武术运动协
会等；重庆共有 34 个武术社会组织；上海有 30 个武术社会组织（见表 1）。

表 1　2020 年全国 31 个省区市的武术社会组织

单位：个

省区市	数量	省区市	数量
北京	28	湖北	106
天津	39	湖南	121
河北	213	广东	279
山西	91	广西	78
内蒙古	64	海南	30
辽宁	93	重庆	34
吉林	62	四川	166
黑龙江	87	贵州	46

---

① 全国社会组织信用信息公示平台，https：//datasearch. chinanpo. gov. cn/gsxt/newList，最后
访问日期：2021 年 5 月 28 日。

省区市	数量	省区市	数量
上海	30	云南	78
江苏	256	西藏	3
浙江	211	陕西	110
安徽	140	甘肃	102
福建	185	青海	19
江西	113	宁夏	23
山东	476	新疆	38
河南	199		

资料来源：全国社会组织信用信息公示平台。

除此之外，还有各种以具体拳种冠名的社会组织，以"太极拳"冠名的社会组织最多，有2236个，山东省就有195个，如济南市长清区太极拳协会、山东永年杨式太极拳文化发展中心、济南市杨式太极拳研究会等；以"咏春拳"冠名的社会组织有62个，如江西省咏春协会、温岭市咏春拳协会、佛山市咏春拳研究会等；以"形意拳"冠名的社会组织有56个，如山西省形意拳协会、衡水市形意拳协会、涞水县形意拳研究会等；以"八卦掌"冠名的社会组织有43个，如温州市八卦掌运动协会、平顺县八卦掌协会、衡水市八卦掌研究会等；以"八极拳"冠名的社会组织有38个，如合肥市八极拳协会、唐山市八极拳研究会、孟村县开门八极拳研究会等。其余各类拳种的协会不一而足，充分说明了武术拳种的体量庞大和群众基础广泛。

2019~2020年两年内共成立了456个武术社会组织，如山东省成立了青州市武术协会、利津县武术协会、惠民县幼少儿武术文化教育研究会等；河北省成立了沙河市少林洪拳武术文化协会、成安县武术协会、唐山市丰润区言清门武术研究学会等；湖南省成立了湘乡市武术协会、岳阳市云溪区武术协会、宜章县武术运动协会等。每年全国都有200多个武术社会组织成立，总有新的市、区、县成立武术协会、研究会等，说明了武术社会组织正在全国各地不断扩张、渗透，反映了各地的武术交流活动、武术练习者和爱好者正在逐渐增多。

（二）积极举办武术赛事

在全国各地的武术赛事中，除了政府体育部门主办之外，地方的武术协会一般也会参与其中，担任承办或者协办的职责。此外，它们也积极开展当地的武术类比赛活动，有力地推动了各地武术赛事的发展。

例如，2019 年 5 月 24～26 日，由江苏省武术运动协会、徐州市武术协会等承办了第四届中国·徐州"丝路汉风"国际武术大赛，活动采用政府主导、协会承办、市场运作的方式进行。① 2019 年 8 月 17～21 日，福建省武术协会、厦门市武术协会等承办了"中联永亨杯"第八届厦门国际武术大赛，共有来自境内外的 463 支队伍 6458 名选手参赛。② 2019 年 10 月 21～26 日，山东省武术运动协会承办了第十九届全国武术学校散打比赛，来自全国 60 所武术学校的 480 名运动员参加了比赛。③ 2020 年 10 月 16～18 日，重庆市武术协会、渝北区武术协会等协办了 2020 年重庆市青少年武术套路锦标赛，市内各区县体校、武术协会、行业体协、武术馆、武术学校及有关单位共计 400 余名武术套路爱好者参加了比赛。④ 2020 年 11 月 27～30 日，丽江市武术协会主办了第八届丽江武术文化节暨第二届丽江太极峰会，活动以"太极＋赛事＋旅游"为主题，邀请了广大太极武术爱好者共襄盛会，同游丽江古城。⑤

武术协会在这些武术赛事的组织过程中发挥了巨大的作用，它们积极联

---

① 《第四届中国·徐州"丝路汉风"国际武术大赛举行》，搜狐网，2019 年 5 月 24 日，https：//www.sohu.com/a/316205941_ 114731，最后访问日期：2020 年 9 月 25 日。
② 《第八届厦门国际武术大赛开幕》，搜狐网，2019 年 8 月 18 日，https：//www.sohu.com/a/334523239_ 114890，最后访问日期：2020 年 9 月 25 日。
③ 《第十九届全国武术学校散打比赛在菏泽郓城开赛!》，搜狐网，2019 年 10 月 23 日，https：//www.sohu.com/a/349020770_ 99945711，最后访问日期：2020 年 9 月 23 日。
④ 《2020 年重庆市青少年武术套路锦标赛举行》，"《潇湘晨报》"百家号，2020 年 10 月 21 日，https：//baijiahao.baidu.com/s? id = 1681163809470064575&wfr = spider&for = pc，最后访问日期：2021 年 2 月 2 日。
⑤ 《今天，第八届丽江武术文化节暨第二届丽江太极峰会开幕!》，搜狐网，2020 年 11 月 27 日，https：//www.sohu.com/a/434902113_ 163817，最后访问日期：2021 年 2 月 2 日。

络、接待、安排参赛选手，合理地安排赛事流程，促进了赛事的圆满举行。同时，武术协会通过组织比赛，广为结识各地武林人士，促进武术交流，也增强了协会内部成员的凝聚力。有的会员还亲自参加比赛，从中提高了武术技艺水平，培养了集体荣誉感。

（三）传播武术文化，提升民众身心健康水平

武术是我国优秀的传统文化，有着十分深厚的文化底蕴，通过弘扬武术文化，能够增强民族文化自信心。2020年上半年，在全民抗击新冠肺炎疫情期间，多地武术社会组织利用网络平台宣传武术文化及其相关知识，积极发挥武术的健身、养生功能。全国学校体育联盟、中国体育科学学会武术与民族传统体育分会推出了防疫健身系列专栏，如《与世界冠军一起练太极》《与上体武术教师练习太极养生功》等；中国健身气功协会推广了健身气功的居家防疫功能，如《防控疫情　宅家锻炼　健身气功推出养肺方》《导引养生功十二法》等；金华市武术协会对武术文化进行了宣传，如《简述中国武术的文化特征》《武术的武德及礼仪》《宅家也爱练功夫》等；广州市武术协会赵堡拳会宣传了太极的防治功能，如《钟南山教授特别推荐治未病的太极拳疗法》；宜昌市武术协会宣传了湖北当地的太极文化，如《武当十八式》《道家太极基本功》《舒筋养肺益气功》等。[①] 在疫情防控时期，武术社会组织引领人民群众居家开展武术健身活动，提高群众的免疫力和心理健康水平，弘扬优秀传统文化，无疑对整个社会的疫情防控工作起到十分积极的作用。

（四）保护与传承中国武术

武术社会组织的成员来自社会各个阶层，都有一颗热爱武术的心，能够积极参与武术传承与保护，配合相关管理部门，对传统武术进行挖掘、整理

---

① 李小进：《新冠疫情下武术社会组织参与社会治理的研究》，《湖北体育科技》2020年第10期，第871页。

与传承、弘扬。很多组织成员熟知地方环境与文化习俗，组织数量庞大对传统武术挖掘与整理能起到很大的作用。武术社会组织也可以将武术拳种的传承人邀请进来，担任组织中的重要负责人，扩大号召力。协会中拳法稳健、套路清晰、功底深厚的武术家，可以定期给成员教授武术，培养广大的武术新生力量，冲破以往宗族式的代代相传、秘不外传等习俗。武术社会组织通过开展武术教学、表演、培训、比赛等活动，可以扩大武术的影响力，培养更多的武术爱好者，激发人们对武术传承与保护的积极性和热爱，使之主动加入武术传承与保护的行动中。

（五）助推武术产业化发展

武术的继承与发展不能仅仅依赖政府的支助，否则难以扭转濒危的困境。武术步入产业化，借助经济运作的力量而大步向前迈进，是适应时代发展的新思路。武术的传承和发展同样离不开人力、物力和财力的支持。许多习武者正是因为存在经济问题，在武术行业赚不到钱，难以靠武术生存，不能以武术作为职业，而选择离开武术行业，甚至放弃了武术。许多年轻人也认为武术用处不大，前途渺茫，不愿投入过多的精力习武，以至于一些老拳师找不到传承人，一身的武艺可能就要失传。在市场经济条件下，吸纳资金投入，增加财力、物力，自然能够吸引人才进来，共同推动武术行业的兴旺，做好武术的传承与保护。武术社会组织拥有广大的武术会员，其中也不乏武功高强、技艺精湛之辈，在武术产业化发展进程中他们可以担当重要的引路人，搭建起武术产业化链条，充当产业化顾问，与政府、企业、武术传承人相互沟通、协调，推动武术产业化发展。譬如，陈家沟打造"享誉世界的太极圣地"文化旅游特色小镇、沧州打造"沧州武术文化园"、佛山打造"李小龙功夫小镇"、峨眉山打造"黄湾武术文化小镇"等，这些项目就有政府、企业和武术社会组织的参与和谋划，以武术文化、武术名胜、武术旅游为主题，带动了武术产业化的发展。

二 武术社会组织存在的问题

（一）经费短缺

武术社会组织想要举办活动，扩大影响，离不开资金的支持，缺少经费，很多活动无法展开。目前，全国各地武术协会经费的来源主要有政府补贴、会员会费、企业赞助、自主经营等，现状是普遍缺乏资金。造成经费短缺的原因主要是组织经费来源途径单一化、运作能力差、缺少经营理念，没有通过多方途径赚取盈利，难以举办大型活动。

武术协会举办比赛和交流活动需要各方筹措资金，政府给予的补助十分有限。武术社会组织收取会费也是比较少的，收费过高则会将很多人拒之门外，不能吸引广大的普通群众，不利于协会的发展。不少武术社会组织会向企业和社会寻求赞助，但往往只有少数影响力较大的组织能够获得一些赞助。企业提供赞助是为了借助协会活动的影响力提高自身形象，促销企业产品，但很多武术协会开展的活动还达不到这一要求，因此也就很难获得企业的赞助。武术协会创办经济实体是解决资金匮乏的一项措施，但很多民间武术社会组织缺少经营理念，还不具备这一能力。虽然有少数武术社会组织创办了经济实体，但也都是小作坊式的运作，盈利有限，难以从根本上解决资金问题。

（二）缺乏专职工作人员

工作人员对各武术社会组织的发展有着重要作用，他们是组织生存和发展的主要依靠力量。然而，很多武术协会的领导人在社会上另有工作，他们往往利用业余时间来从事这项工作，这种兼职多、专职少的组织模式不利于协会的长远发展。各组织的工作人员一般待遇不高，没有相应的激励措施，光靠武术情怀难以为继，也导致各个民间武术社会组织普遍缺少专职工作人员。在工作人员之中，有的人从小习武，技艺高强，但文化程度不高；有的人虽然学历高，但是武术底子薄，普遍缺乏同时精通传统武术和现代管理的综合素质人才。

一个武术社会组织只有拥有一定数量的常规会员，才能充满活力，才能够定期举办大型活动，产生一定的社会影响力。但是武术协会成员都有自己的家庭和工作，面临生活、工作上的种种压力，他们为协会所付出的时间自然就会有所限制，难以投入太多的精力。如果协会活动过多，就会迫使会员自动退出，造成人员流失。因此，武术协会的专职工作人员的任务就很艰巨，少数负责人的力量就显得很单薄，他们往往心有余而力不足。

（三）管理理念和制度较为落后

当今时代发展迅速，与传统社会相比已经发生了翻天覆地的变化，各类社会组织都需要向现代化转型。武术是我国优秀的传统文化，历史悠久，在向现代社会转型的过程中面临许多挑战。很多武术社会组织并没有跟上新时代的步伐，在管理理念和制度上比较落后，主要体现为组织管理行政化、组织体制同质化、组织经济单一化。民间武术社会组织依然习惯于受政府的管束，依赖政府的照应，缺乏独立性，发展思路没有打开。民间武术社会组织的管理体制缺少创新，只知道遵循老体制，按部就班，缺乏自身的特色与创新。绝大多数武术社会组织还不具备经济独立的能力，仍依附于其他组织或者政府相关部门，没有好好利用政策与市场经济发展属于自己的产业。很多武术研究会的规章制度和管理机构尚不完善，组织中活动的筹办和日常事务的处理难以有效的落实，造成运转困难。武术协会组织普遍松散，组织成员自由性较大，协会开展相关的武术活动难以把成员聚拢到一起，凝聚力不强。

（四）法律制度不健全

在当今法制时代，武术社会组织的平稳运行需要法律的制约，武术圈频频出现"约架"事件，各种"武术大师"招摇撞骗，这些乱象均需要通过法律的手段来予以整治。此外，现今的相关法律制度有的还不太适合民间武术社会组织的生存需求，带来了一些棘手的问题。比如，《社会团体登记管理条例》规定，在同一行政区域内已有业务范围相同或者相似的社会团体，

没有必要成立的，不予批准筹备。按照这个规定，一个区域内成立了某一武术社团，就不允许成立同类拳种的其他武术社团。而实际上，中国武术中同一拳种还有很多不同的门派和类型，各自拥有一定的练习人群，都需要继承发展，是可以并存的。这一规定会导致大量的民间武术社会组织不能拥有真正合法的身份，不能取得正式的登记，以至于它们获得的关注度低、资助缺乏，日益趋于边缘化，不利于武术事业的蓬勃发展。

（五）运动场地匮乏

运动场地匮乏是我国体育事业中存在的一大问题，很多武术协会也同样面临这个问题。现在场地价格都很昂贵，武术社会组织财力有限，许多协会没有专门的运动场地，如何在稳定场所开展武术活动成为一件困难的事情。武术协会开展武术训练、比赛、表演等活动时，一般要依托当地的体育馆，或者是寻找公园、广场等公共场所，活动场地十分受限。武术协会有时也会临时租用一些收费性的场地，便于开展大型的武术活动，但是租金一般比较高，给协会带来较大的经济压力。

三　武术社会组织发展对策

（一）扩大经费来源渠道

武术社会组织的运转和发展需要资金投入，仅仅依靠政府补贴、会员会费等方式来获取经费还是十分不够的，难以支撑武术协会的蓬勃发展，应该开拓多种渠道来扩充经费。第一，争取得到当地政府的大力扶持，武术社会组织作为非营利组织，缺乏资金，能力有限，离不开政府的大力支持。政府对协会给予一定的财政补贴、资金投入，再颁发相应优惠政策，放宽管理限制，对于武术协会的发展有着十分重要的作用。第二，武术协会可以适当提高会员的会费和年费，从而增加协会收入，增强会员的归属感和认同感，会员也愿意为协会的发展做出更多的努力。第三，武术协会可以为社会人士提供武术、健身养生培训，开办武术兴趣班，收取一定的费用。第四，武术协会可以举办商业性的武术比赛，收取一定的报名费、住宿餐饮费等，带动当地的经济发展，实现"武术搭台、经济唱戏"。第五，积极同企业开展合作，争取大型企业的赞助，吸引企业对武术项目进行投资，协会再对企业加以宣传，共同盈利。第六，统筹各方组织，整合高校和社会各界的武术资源，向武术练习人群销售武术服装、器械等产品。

同时，武术社会组织还要建立健全经费管理办法，严格监管组织经费的收支过程，及时公示经费来源和支出情况，开源节流，公正透明，禁止铺张浪费和贪污腐败，充分合理地使用经费，将资金全部有效地投入武术社会组织的发展建设中去。

（二）完善组织管理、加强制度建设

武术社会组织要建立健全高效的管理机构和制度，形成稳定的发展模式，发挥协同效应，提高工作效率。对于组织管理机构的各个部门，要划分职责、明确分工、相互配合、各尽所能、有序展开各项工作。加强领导班子建设，组建勤勉务实、能力突出的管理队伍，确定科学、民主的协会负责人选举方式，遴选优秀的协会领导人。做好每年的工作总结，制订下一年的工作计划，不断改进工作。加强协会的制度建设，按照国家法律法规及相关规章制度来办事，制定合理合法的内部制度，依照章程有条不紊地推进工作。

新时代的发展十分迅速，国内经济正在蓬勃发展，武术社会组织与政府之间的和谐关系显得十分重要。目前武术协会的管理还过于依赖政府的管制，缺乏独立性和自主性。协会要加强自治，提升自我管理能力，促进政府与民间武术社会组织的协同共治。只有具备一定的自我组织和管理能力，拥有自主性和独立性，武术协会才能够积极发挥自身的功能，更好地参与社会治理，服务社会大众。

（三）积极开展武术社会公共服务

武术社会公共服务是指武术协会等组织为广大社会武术爱好者提供各种

服务。武术作为中华传统文化的瑰宝，不仅能够防身，还具有良好的健身、养生、审美功能。在当今时代，许多有识之士也看到体魄健康对于国家和民族的重要性，"全民健身""健康中国"也已经成为国家战略。而社会上患有亚健康、心理疾病的人逐渐增多，越来越多的人也加入健身的行列，希望获得身心的健康。在这样的时代背景下，武术社会组织应该义不容辞、积极地发扬武术的健身、养生功能，为社会提供相应的服务，助力国家战略，弘扬武术文化，服务社会大众。

武术社会组织开展的社会公共服务可以包括下面一些内容。第一，组织常规的武术锻炼活动，找好固定的公共场所，带领广大武术爱好者一起练习武术，如太极拳、形意拳、八段锦等，提高人民群众的身体素质。第二，传授武术技能，鼓励协会中武艺高强的拳师将武术活动带进学校、社区等，寻找武术爱好者，教授武艺，培养武术界的新生力量。第三，开办有关武术文化的讲座，挖掘丰富的文化内涵，宣传武术的健身、养生功效，改变人们对武术的认识，吸引更多的人加入武术的行列。第四，组织群众性的武术赛事，激发广大群众对武术的热爱，积极参与武术健身活动，带动人们的习武热情。第五，印发武术宣传资料，挖掘与整理武术拳谱成果，宣扬武术界最新发展动态，传播武术健身理念，宣传武术练习功法，等等。

（四）探索"互联网＋"武术文化的传播形式

现在是互联网时代，网络成为人们获得信息、相互沟通的主要途径。利用互联网传播武术文化，探索网络时代下武术产业的发展方向，已成为新时代的重要课题。《武术产业发展规划（2019—2025年）》特别指出："推动'互联网＋武术'。充分利用移动互联网、物联网、云计算等新技术，构建'智慧武术'服务网络和平台，拓展'互联网＋武术'新领域。"[①] 由此可见，"互联网＋武术"的发展模式在当今时代尤为重要。

---

① 《〈武术产业发展规划（2019—2025年）〉印发》，国家体育总局网站，2019年7月25日，http：//www.sport.gov.cn/n316/n340/c919105/content.html，最后访问日期：2020年10月17日。

在"健康中国"的国家战略下，武术社会组织要肩负起弘扬武术文化的时代使命。武术社会组织应当好好利用互联网，以提升国民身心健康为根本宗旨，大力宣传优秀的武术拳种、流派、人物、历史文化、赛事等，加大互联网的宣传力度，扩大社会影响力，提升人们对于武术文化的认识，从而增强民族自信心和文化认同感。具体的施行方法包括以下方面。第一，选取有代表性的优秀拳种，邀请武术名师进行演练，示范标准动作，讲解练习要领，录成视频，在网上传播，便于武术爱好者通过网络学习。第二，录制有关武术历史文化的纪录片，题材可以涉及武术的文化内涵、哲学理论，各个拳种、流派的历史脉络和发展现状，武术代表人物、武林逸事等，利用网络广为宣传。第三，在网络媒体上转播各类武术赛事，扩大宣传力度，令人们对武术竞技比赛现状有直观的认识。第四，努力将武术表演加入中央和省、市、县电视台的各大晚会节目，如春晚、元宵晚会等，提升武术的知名度，激发人民群众对武术的崇敬和热爱。第五，积极参与武术影视作品的创作和宣传，通过网络广为传播，弘扬优秀的武术文化。

参考文献

黄斌：《当代武术社会组织发展困境与思考》，《当代体育科技》2019 年第 3 期。

马佩、杨刚、姜传银：《新中国 70 年我国群众武术发展成就与展望》，《体育文化导刊》2020 年第 8 期。

赵卓、林海岩、章王楠：《新时代中华武术"走出去"研究》，《体育文化导刊》2020 年第 9 期。

吴鹏超：《耗散结构视域下武术系统自组织发展的探究》，《文体用品与科技》2021 年第 12 期。

B.5

2019~2020年中国武术
文化建设发展报告

汪 楠　王维燕　李禄玉*

摘　要：　武术文化是中华优秀传统文化的重要组成部分，是包括身
　　　　　体动作、器械、服装、场地、礼仪、制度、精神等元素在内
　　　　　的统一体，是讲好中国故事的重要素材。基于其时代价
　　　　　值，本报告首先梳理新中国成立以来，武术文化在国家对
　　　　　外交往中发挥的重要作用，结合新时代国家的各项政策，
　　　　　指明武术文化的发展方向，尤其是在抗击新冠肺炎疫情的
　　　　　过程中，以"八段锦"为代表的武术做出了重要的贡献，赢
　　　　　得了广泛的赞誉和认可；其次在武术文化的传播形式上，
　　　　　指出与影视、动漫舞台剧的结合是目前武术文化扩大影响
　　　　　力的较好方式，应当在此基础上扩大武术与其他艺术形式
　　　　　的结合，同时也应当加强武术与其他体育项目的结合，探
　　　　　索武术的创新型发展道路；再次从历史视角与时代视角两
　　　　　个方面分析了武术文化的历史与现状，指出武术领域的非
　　　　　物质文化遗产的保护与传承应当加强体系建设，在目前培
　　　　　训工作扎实推进的基础上发展赛事活动，促使遗产"活起
　　　　　来"，而对于武术在当代的发展，则应当继续推进武术进

* 汪楠，哲学博士，北京体育大学中国武术学院讲师，研究方向为中国古代哲学、武术文化；
王维燕，北京体育大学博士研究生，研究方向为民族传统体育学、武术历史；李禄玉，体育
学硕士，广东外语外贸大学南国商学院讲师，研究方向为体育文化传播、体育营销、太极拳
与养生等。

校园与群众武术事业的发展，扩大武术人口；最后在"一带一路"倡议的指导下，分析了武术文化正在走进欧洲与非洲，而如何扎根海外、扩大受众面则成为这方面所面临的核心问题。

关键词： 武术文化　非物质文化遗产　大众武术　"一带一路"

文化有广狭之分，广义上是指人类创造的物质文化和精神文化的总和，狭义上是指哲学、文学、宗教、艺术等社会意识形态。武术作为一种身体运动形态，与器械、服装、场地、礼仪、制度、精神等一起构成"武术文化"，成为一种重要的文化符号，具有强身健体、益寿延年、弘扬民族精神、展示国家形象、丰富社会生活、活跃市场经济等多重功能。

2019年7月18日，国家体育总局等14部委联合印发《武术产业发展规划（2019—2025年）》，提出要弘扬武术文化，通过传承武术精神、深挖武术资源、扩大武术人口等方式，促进武术理论和技术的培训、武术文化的交流研讨，充分发挥武术文化的社会功能与价值，增强中国文化软实力，促进中西文化交流互鉴。2019年9月2日，国务院办公厅印发《体育强国建设纲要》，要求"加强优秀民族体育、民间体育、民俗体育的保护、推广和创新，推进传统体育项目文化的挖掘和整理"。尽管2020年初遭遇突如其来的新冠肺炎疫情，但是武术文化的发展步伐并未停滞，各种线上武术赛事活动、会演展示、文化讲座非常活跃，增进了人民群众对武术运动的重视与对武术文化的了解。经过多方努力，2020年12月17日，联合国教科文组织宣布将太极拳正式列入《人类非物质文化遗产代表作名录》，这有利于吸收全球力量传承和保护武术遗产，弘扬和发展武术文化，成为武术运动及其文化发展史上的一个标志性事件。自2020年第三季度以来，武术"六进"活动如火如荼地开展，武术段位制推广工作也有条不紊地进行，国际性的武术文化交流互动则通过"智慧武术"数

字平台得以实现，均为 2021 年疫情防控常态化时期的武术文化发展开拓了广阔前景。

一 武术文化的战略

（一）武术文化的定位

自新中国成立以来，中国武术在外交方面发挥了重要的纽带作用，已经成为传播中国文化的重要载体。在辉煌的背后，我们必须深刻思考的问题是：我们要传播的是武术技术，还是武术文化？略带表演性质的炫酷的武术节目是否能反映武术文化的本体、本源及时代精神？

从 1936 年柏林奥运会上的中国武术表演到 2008 年北京奥运会上的武术展示，从 1974 年的中国武术代表团访美到 2013 年俄罗斯克里姆林宫内的少林寺武僧团献艺，从武术在各项"中国文化年""中国文化节"上的频繁亮相到功夫舞台剧的世界巡演，这些带有强烈视觉冲击与舞台效果的武术表演，在充分展示中国武术"文化身份"的同时，也引发了无数人对中国武术的向往、对中国文化的好奇。中国武术的这些展示、展演和巡演虽然能够满足人们对于中国文化的好奇，但是，理解和接纳厚重中华文化仅靠这些是远远不够的。

基于此，有效进行武术文化的跨文化传播迫在眉睫。怎样构建武术文化以及构建一个什么样的武术文化则是我们首先要回答的问题。在这方面，应当积极学习其他国家的优秀经验，尤其是瑜伽、跆拳道、柔道的全球传播模式，进而对中国武术文化做一个全新的梳理和概括。

武术在我国历史悠久，传统武术一直以中华民族生活范式的形式维系着民族情感，凝聚着民族精神，构筑着五千年的中华文明。中华武术具有丰富的文化内涵和鲜明的民族特色，武术文化的核心是武德，表现为武艺，公平、正义、包容是其精义，生动体现了天人合一、刚柔相济、内外兼修、和谐共生等理念，是中华民族优秀文化遗产的重要组成部分，可以说是"国家名片"。

武术文化的传承与传播离不开政府政策、法规、经费的支持，更需要民间的自发参与。传承武术文化需要激发多个主体的活力和联动多方主体参与，政府相关部门要积极引导，为民间武术文化的传播提供条件和机会，帮助其解决问题，同时民间的武术组织、武术团体和个人也应当积极发挥自身的作用，抓住历史机遇，实现自身发展的突破，紧跟时代发展的潮流，处理好武术传承与文化创新的关系，团结互助、以和为贵、守正创新，为中国武术的发展注入新的活力，从而保持武术文化的持久生命力。

（二）武术文化的发展政策

有关武术文化的一系列利好政策的出台、法律法规的支持，坚定了武术文化发展的大方向，维护了武术文化良性发展的秩序。2017年，《关于实施中华优秀传统文化传承发展工程的意见》明确指出，要"深入挖掘中华优秀传统文化价值内涵，进一步激发中华优秀传统文化的生机与活力"[①]。2019年，《体育强国建设纲要》要求"加强优秀民族体育、民间体育、民俗体育的保护、推广和创新，推进传统体育项目文化的挖掘和整理"。2019年，《武术产业发展规划（2019—2025年）》从产业发展的视角，将"武术文化"聚焦于"传承武术精神""深挖武术资源""扩大武术人口"[②]。新时代，在武术人口、武术资源及由此形成的文化产业链上，武术文化将大有作为。

2020年，《关于全面加强和改进新时代学校体育工作的意见》把学校体育工作摆在更加突出的位置，以构建德智体美劳全面培养的教育体系。该文

---

① 《中共中央办公厅　国务院办公厅印发〈关于实施中华优秀传统文化传承发展工程的意见〉》，中国政府网，2017年1月25日，http://www.gov.cn/gongbao/content/2017/content_5171322.htm，最后访问日期：2020年12月25日。

② 《多部门关于印发〈武术产业发展规划（2019—2025年）〉的通知》，中国政府网，2019年7月29日，http://www.gov.cn/xinwen/2019－07/29/content_5416190.htm，最后访问日期：2020年12月4日。

件提到"推广中华传统体育项目",要认真梳理武术、摔跤、棋类、射艺、龙舟、毽球、五禽操、舞龙舞狮等中华传统体育项目,因地制宜开展传统体育教学、训练、竞赛活动,并融入学校体育教学、训练、竞赛机制,形成中华传统体育项目竞赛体系,并针对此提出了"增强文化自信",深入开展"传承的力量——学校体育艺术教育弘扬中华优秀传统文化成果展示活动",让中华传统体育在校园绽放光彩。①

(三)现状与潜力

随着体育强国、健康中国等战略的提出与推进,武术越来越被国家和社会重视,其在强身健体、运动康养、运动休闲、舞台表演方面的价值日渐凸显,也逐渐得到国际社会的认可。目前武术已经成为世界青年运动会、亚洲运动会、亚洲青年运动会、东南亚运动会、南亚运动会的正式比赛项目,也是世界大学生运动会和非洲青年运动会的非常设项目。即使是在2020年这样特殊的年份,各级各类武术比赛和培训也在如火如荼地开展。"学习强国"平台和中国武术协会官网及公众号陆续推出"太极冠军教您一起练太极"系列视频,"全球太极拳网络大赛""全球武术健身'功夫秀'""上合组织武术训练营网络课堂""全国青少年武术网络大赛"等一系列赛事火热开展,创新了组织形式,扩大了比赛受众面。尤其是在2020年抗击新冠肺炎疫情的过程中,以八段锦、太极拳、五禽戏等为代表的传统武术项目因其在调节人体气机、增强人体免疫力上的特殊功用被社会所追捧。2020年2月14日,在湖北省政府新闻办公室召开的第二十四场新型冠状病毒感染的肺炎疫情防控工作新闻发布会上,专家在回复关于中医药参与救治的问题时,肯定了太极拳、八段锦等传统武术项目可以增

---

① 《中共中央办公厅 国务院办公厅印发〈关于全面加强和改进新时代学校体育工作的意见〉和〈关于全面加强和改进新时代学校美育工作的意见〉》,中国政府网,2020年10月15日,http://www.gov.cn/zhengce/2020 - 10/15/content_ 5551609.htm,最后访问日期:2021年2月4日。

强患者体质、加快疾病康复。① 由此可见，武术的功效通过特殊历史时期的检验而进一步为社会所认可。

综上所述，不管是在国家政策层面、武术自身的功效方面，还是在社会影响力上，武术的发展空间都越来越大，它的前途也越来越光明。但是，目前在武术文化的推广上，焦点过于集中，更多的是展现武术的技术特点，很多项目的优势没有凸显出来。为此，本报告给出以下建议。

第一，加强武术与其他艺术形式的融合。近几年，武术舞台剧、武侠剧、功夫动漫成为武术走出国门的重要形式，而且也产生并获得了良好的国际影响与社会反馈，因此必须探索出一条适合武术的艺术化之路。为此应当从以下两个方面着手：①挖掘武术背后的文化内涵，建立武术传承的历史叙事体系，为艺术创作提供有益的参考；②整合人才队伍，建设跨学科合作团队，参考专家建议，设立多个主攻项目。

第二，提升武术的社会影响力与传播力。武术的发展要紧紧围绕人民群众的关切而展开，为了给广大群众提供强身健体、益寿延年与休闲娱乐的特色选择，必须开创出一条群众化路线。故而需要从以下三个方面着手：①坚持走进群众，开展深入调查，全面把握群众的需求，从而制订有针对性的推广计划；②坚持积极引导，按照健康中国、体育强国的国家战略要求，深入群众广泛宣传，积极引导群众参与武术锻炼；③设立多类面向群众的武术比赛项目，广泛调动群众参与的积极性和主动性。

第三，加强武术与其他竞技体育项目的关联。武术虽然与西方体育在源头上大相径庭，但是可以吸取西方竞技体育在组织结构与发展模式方面的经验，从而为传统武术的新发展提供有益的借鉴，进而闯出一条创新发展之路。据此，可以从以下两个方面着手：①继续加快武术段位制的推广工作，促进武术比赛职业化的不断完善；②积极促进武术与其他体育项目的合作，深入探索武术运动员的跨界之路。

---

① 《湖北举行新型冠状病毒感染的肺炎疫情防控工作新闻发布会第二十四场》，中国政府网，2020
年2月14日，http：//www.scio.gov.cn/xwfbh/gssxwfbh/xwfbh/hubei/Document/1673376/1673376.
htm，最后访问日期：2020年12月11日。

二 武术文化的历史视角

（一）非物质文化遗产

中华优秀传统文化是国家和民族的宝贵财富，传承好、保护好、推广好我们的国粹，是每一个公民义不容辞的责任，政府相关部门也一直致力于保护中华优秀传统文化及各类非物质文化遗产，从政策、资金、组织、人力、法规上予以支持。2017 年，中共中央办公厅、国务院办公厅印发了《关于实施中华优秀传统文化传承发展工程的意见》，提出将非物质文化遗产传承发展工程和非物质文化遗产保护制度的建设、民族传统体育项目的整理研究和保护传承列为重点任务，指明了努力的方向。

截至 2014 年 7 月，国务院先后公布了四个批次的国家级非物质文化遗产代表性项目名录，传统武术项目共有 36 项被收入名录，包括少林功夫、武当武术、太极拳、咏春拳等代表性项目。

由此我们可以看出党和国家对武术文化传承的重视。将武术项目列入国家级非物质文化遗产代表性项目名录，有利于保护武术、发展武术。另外，要评选各级各类武术传承人、武术类社会体育指导员，建立非遗馆、工作站、武术教学点，保护武术传统套路技术、练功遗址、器械、服装、拳谱、遗迹、民俗武风等，营造良好的武术文化发展空间。

如何保护武术非物质文化遗产也成为 2019 年武术界的一项重要议题。2019 年 6 月 29 日，在山东体育学院日照校区举办了第四届中国武术非遗展演暨民族传统体育学研究生网络论坛，论坛以“武术的未来”为主题，组织学界进行了充分的讨论。① 论坛举办期间还邀请了部分武术非物质文化遗产传承人进行了武术表演。其中，鸳鸯门派掌门人孙丛宅先生、国家级非物

---

① 《第四届中国武术非遗展演在山东体育学院举行》，人民数字联播网，2019 年 7 月 1 日，http://sd.rmsznet.com/video/d107733.html，最后访问日期：2020 年 6 月 10 日。

质文化遗产螳螂拳代表性传承人孙日成先生带领众弟子表演了节目《古韵螳螂》。该节目充分结合了国家级非物质文化遗产鸳鸯螳螂拳、省级非物质文化遗产鸳鸯内家功、鸳鸯门派六大精髓之一的鸳鸯门派兵器等内容，并精心编排，节目动静结合、刚柔相济、跌宕起伏，完美呈现了鸳鸯门派的古韵新风，将非遗魅力展现得淋漓尽致。

除了上述的学术论坛外，对武术非物质文化遗产的保护还常以赛事的形式进行。2019 年 8 月 18 日，2019 武魂武道（北京）第二届非物质文化遗产武术邀请赛暨 2019 首届当代武术好少年总决赛在北京市房山区燕山体育馆隆重开幕。比赛为期两天，为广大武术人士提供了一个广阔的舞台，使其能充分展示武术非物质文化遗产。同时武术界的各位重量级嘉宾也出席了此次比赛，包括国家级非物质文化遗产形意拳代表性传承人张玉林先生和国家级非物质文化遗产吴式太极拳代表性传承人张全亮先生。[①]

2020 年 11 月 18 日，武术类非遗传承人群研修班结业典礼暨非遗公益基金捐赠仪式与传统文化传承奖学金颁奖典礼在深圳职业技术学院举办。该活动是"中国非遗传承人群研修研习培训计划"的重要内容，由文化和旅游部、广东省文化和旅游厅、深圳市文化广电旅游体育局主办，由深圳职业技术学院（广东省非物质文化遗产研究基地）、深圳博物馆（深圳市非物质文化遗产保护中心）、深圳职业技术学院教育基金会、深圳职业技术学院国际武术交流中心和深圳职业技术学院非物质文化遗产协同创新与研究中心共同承办。[②]

深圳职业技术学院开展的武术类非遗传承人群研修班不仅是全国首例，还特别注重突破与创新。本次研修班将武术类非物质文化遗产与社区体育文化融合，形成《禅意：太极拳之美》《传统：咏春拳之劲》《授艺：八极拳

---

① 《2019 武魂武道（北京）第二届非物质文化遗产武术邀请赛暨 2019 首届当代武术好少年总决赛圆满落幕》，搜狐网，2019 年 8 月 20 日，https：//www. sohu. com/a/335249842_742268，最后访问日期：2021 年 4 月 5 日。

② 《深职院 2020 年武术类非遗传承人群研修班结业典礼暨传统文化传承奖学金颁奖典礼隆重举行！》，深圳之窗，2020 年 11 月 18 日，https：//m. shenchuang. com/show/1566527. shtml，最后访问日期：2021 年 1 月 20 日。

之刚》《传承：螳螂拳之魂》四大篇章的主题研修成果，生成相关影视故事大纲。同时，研修班立足传统文化，深刻解析武术健身养生的文化内涵、机制作用，古为今用、推陈出新，并充分发挥高校科研教学优势，形成了自己的特色。在结业典礼上，太极拳、八极拳、咏春拳、螳螂拳四个项目的传承人进行了精彩的汇报演出，向大家展示了中华传统武术蕴含的自强不息的民族精神和保家卫国的爱国情怀。

太极拳作为中华优秀传统文化的一种重要符号，是东方文化的瑰宝，彰显了中华优秀传统文化的创造力，具有见证中华民族活的传统文化的独特价值，也已成为中国对外文化交流的重要桥梁。2020 年 12 月 17 日，联合国教科文组织在牙买加首都金斯敦宣布将太极拳正式列入《人类非物质文化遗产代表作名录》。早在 1987 年 9 月举行的首届亚洲武术锦标赛上，太极拳就开始作为正式比赛项目。2000 年，CCTV - 1《东方时空》播放了泰山之巅练习太极拳的壮观场景，并通过电视向全球百余个国家转播。从 2001 年开始，国际武术联合会把每年 5 月确定为"世界太极拳月"；到 2015 年太极拳已传播到 150 多个国家和地区，全球练习太极拳的人数超过 3 亿人。太极拳凭借其蕴含的深厚文化、养生理念以及防身健体效果，得到了世界民众的认可。

按联合国教科文组织的规定，"非物质文化遗产"指口头传统和表现形式，包括作为非物质文化遗产媒介的语言；表演艺术；社会实践、仪式、节庆活动；有关自然界和宇宙的知识和实践；传统手工艺。从定义的角度来说，太极拳属于人类对宇宙的认知和实践，发现了人类和宇宙之间统一的联系，太极拳练习者之间有明显的历史传承。作为一定区域的文化遗产，太极拳的种种特质无不与联合国教科文组织的《保护非物质文化遗产公约》所提出的非物质文化遗产的要素相符。总之，太极拳文化的传播已经形成了比较完善的体系，比较适合其他武术项目来借鉴和参考。

综上可知，目前对非物质文化遗产中武术项目的保护，已经形成了从国家到地方的共识，也出台了一系列的措施，地方政府和民间组织也积极筹备、举办了很多相关的活动，以学术论坛和专门性赛事为主，同时将武术非遗引入了学校教育这一领域，为武术非遗的传承提供了可持续发展的路径。

但是，对于如何进行非物质文化遗产中武术项目的传承和推广，尽管目前学术界有一定的讨论和尝试，但遗憾的是尚未形成较为系统的机制，尚未明确最为有力的保护措施，很多工作还处在探索阶段。

（二）现状与潜力

随着太极拳被联合国教科文组织认定为人类非物质文化遗产，武术的社会性和世界性得到认可，关注度也越来越高。目前武术的发展态势良好，传承人培训的开展也是如火如荼，为武术产业的发展提供了较大的空间。但是，在其欣欣向荣发展的背后也存在一定的问题，其中最为突出的便是武术项目的功效定位不明确，过于笼统。就此，本报告建议从以下两个方面进行改进。

第一，构建明确、清晰的武术功效量表，需要区分出不同项目所针对的练习目标。量表的设计主要根据受众的年龄层而有所区分，即针对儿童、青少年、老年人等不同群体制定不同的量表。在制定的过程中，可以优先选择几个重点项目、重点群体，之后在成功经验的基础上推广到其他项目和其他群体。重点项目的研究可以从以下几个方面展开：①武术练习对于大学生文化认同的影响；②太极拳对于老年人慢性病的干预效果；③武术锻炼对于儿童体质发展的影响。

第二，建立系统的竞赛机制和推广机制，只有引入竞争才能更好地刺激项目的发展，同时加强与学校体育教育的联合，拓宽推广渠道。对此，应当从传承人认证、项目传承与培训、赛事组织与举办等三个方面进一步展开：①应当明确武术非物质文化遗产传承人的权威认证，加强官方与民间的合作，既要确保官方权威，又要保证专业性；②规范武术非物质文化遗产的培训活动，避免市场乱象的出现；③积极配合学校体育教育改革，促进武术非物质文化遗产走进校园，从而建设合理的传承人才梯队。

三　武术文化的时代视角

（一）武术学术

"文明因交流而多彩，文明因互鉴而丰富。"武术是中华优秀传统文化的杰出代表，是实施中华优秀传统文化传承发展工程的重要组成部分。中国武术以其显著的健身性、大众性和娱乐性为国内外人士所青睐，武术文化交流与国际传播对于推进世界文明和中华优秀传统文化的发展具有重要意义。在对内整合资源以形成共识、对外增强文化影响力和争取话语权的现实需求下，需要进一步完善武术学术体系、学科体系、话语体系，推动武学研究规范化、体系化、国际化，形成一大批高质量研究成果。尤其要深入研究武术与健身、康养、文化、旅游、创意等的关系，充分发挥武术学术的思想引领力和理论解释力，提高武术的文化影响力。

2020 年 6 月 8 日，陕西师范大学组织开展的"红烛之光，跃动青春"毕业季教育活动之"爱国爱校，健康先行"系列"云"讲座第二讲正式举行，北京体育大学中国武术学院李英奎教授应邀为毕业生们进行了以"华夏武术，魅力传承"为主题的讲座，从"新时代下大学生文化自信的现实挑战"和"武化育人的价值诉求"两个方面进行了介绍，从立德树人、增进文化自信的角度突出武术的时代价值。

为丰富武术的文化内涵、提升武术文化的国际传播力与外译能力、增加国别与区域等相关跨领域研究、促进外语学科与武术文化传承的融合、推动中国武术文化的传承与发展，中共河南省委外事工作委员会办公室与河南工业大学共建"河南省少林功夫外译研究中心"（2019 年 11 月 29 日成立），并于 2020 年 11 月 28 日在河南省郑州市举办首届中国武术文化外译与传播国际研讨会。河南省少林功夫外译研究中心的成立、一系列国际研讨会的举办，为武术的国际化传播铺平了道路、搭建了武术学术和思想交流的桥梁。

（二）大众武术

进入新时代以来，人民群众对于美好生活的向往不断增强，身体康健也一直是人民群众的内心渴望。党和国家密切联系群众，想人民之所想，急人民之所急，确立"以人民为中心"的体育观，先后制定和颁布了一系列的措施，以满足人民群众的需求。武术因其丰富多彩的内容、广泛的群众基础、开展的便捷性而成为全民健身事业中的重要内容，它能够服务大众健身和休闲，助力体育人口的持续增长。

2019年，群众体育工作以《"健康中国2030"规划纲要》和《全民健身计划（2016—2020年）》所列的任务和目标为导向，从各个方面促进群众体育活动的开展，而武术也在其中发挥了重要的作用。同年，国家体育总局等14部委联合印发了《武术产业发展规划（2019—2025年）》，为武术产业的发展指明了方向和道路。

各地区结合政策要求，广泛开展了武术推广活动，向群众推广太极拳、健身气功等传统武术项目，既为群众休闲娱乐活动提供了新的选择，又能在一定程度上提高群众的身体健康素质，同时还有利于促进经济社会的良性发展。

推广群众性体育活动，需要资金支持，2019年各地方在制订相关计划时，基本上提及了要充分利用体彩基金，为广大群众提供公益性的指导。

2019年8月17日，广西柳州体育中心举办了关于太极拳、八段锦、五禽戏的公益性培训活动，帮助市民一同感受传统武术的魅力。

2019年，河南省体育局在春节期间举办了"全民健身·健康中原"系列活动，而"中原大舞台"正是这一活动的重要组成部分。这一舞台为民间的武术爱好者提供了一个交流和展示的机会，对激发群众对武术的热情具有十分重要和明显的促进作用。

河南省作为武术大省，除了省体育局重视开展群众武术活动外，相关的地级市也非常重视。2019年，平顶山市举办了为期一个月的"第四

届鹰城武术文化惠民活动"。本次活动既为群众准备了30场武术文化盛宴，又组织了多场该市武术界、商业界人士探讨武术与商业相结合的发展模式的论坛。这样的武术文化活动，既注重挖掘武术的社会效益，又注重开发武术的商业价值，并力图将平顶山市打造成为武术文化的名城，将武术文化的推广与城市建设紧密结合起来。

依托丰富的武术历史文化资源、较好的地理区位和较强的经济科技实力，广东在中华优秀传统文化的保护、传承和推广上走在全国前列，很多经验值得借鉴，尤以佛山市南派武术的发展最为典型。2020年5月12日，佛山市印发了《佛山市加快建设"世界功夫之城"实施方案》（简称"《方案》"），提出20项重点项目，要将佛山市建设成为具有国际影响力和引领力的"世界功夫之城"。佛山市是中国南派武术的主要发源地，2004年成为全国唯一的"武术之城"。目前，佛山市内拥有蔡李佛拳、洪拳、咏春拳等各类拳种52个，注册武术馆297家，非注册武术馆200余家，武术人口约有10万人。佛山武术已播布至海外176个国家和地区，有6000多家拳馆1000多万人参与传承。《方案》提出：至2022年，全市武术人口达到60万人，武术从业人员超过1万人；建成1个产业、表演、赛事、研学、旅游深度融合的功夫中心，形成1~2个特色鲜明的功夫文化保护实验区，举办至少4项具有广泛影响力的功夫赛事，功夫标准规范明确，功夫传承谱系清晰，构建1条完整的功夫文化旅游产业生态链。长期以来，佛山市依托自身雄厚的武术资源，以打造"世界功夫之城"为目标，走出了一条大众化、特色化、体系化的武术发展之路。①

大众化是在新时代实现武术跨越式发展的前提，大众广泛参与武术是激活武术文化诸要素的中心环节，也是实现武术文化产业高质量发展的市场基础。

---

① 《〈佛山市加快建设"世界功夫之城"实施方案〉提出两年后武术人口达60万》，搜狐网，2020年5月18日，https://www.sohu.com/a/396020308_505531，最后访问日期：2021年4月2日。

（三）学校武术

武术文化的持续发展离不开充足的后备力量，自2010年8月教育部与国家体育总局联合发文向全国中小学推广实施武术健身操以来，武术教育在各地开展得如火如荼，各地纷纷采取措施，促进武术进校园。尤其是在一些武术氛围浓厚、武术力量充足的地方，武术进校园已成为当地教育的特色。"少年强则中国强。"中小学生处于各项身体素质发展的关键期和敏感期，中小学阶段也是培养体育兴趣的绝佳期，通过极富民族特色的、丰富多彩的武术课程、活动、展演、比赛，可以强健青少年的体魄，增强青少年的体质，锤炼青少年的意志品质，培养青少年的自强不息的民族精神，培育青少年的文化自信心。武术进校园是新时代武术文化传承发展的新模式，是从根本上提高武术参与人群身体素质的最有效举措之一，功在当代，利在千秋。

2019年，湖北十堰积极促进武当武术进校园，安排专业武术教员，辅导学生在课间活动时学习、练习武术，并制订了推广计划，提出"到2022年全市武当武术普及程度将明显提升，小学四年级及以上学生参与武当武术活动的人数达到98%以上，每个县（市、区）创建市级武当武术特色学校5至10所"[1]。

由此可见，湖北省地方政府部门充分利用武当武术文化这一传统优势，既有利于提高学生的身体素质，又为武当武术文化的传承埋下了"火种"，可谓一举两得。

作为北方武术重镇，河北邢台地方政府相关部门也充分利用传统武术文化的优势，提出"非遗武术进校园"的举措。河北邢台还出台了与"武术进校园"相配套的竞赛体系，以此考察活动效果，激发学生的参与热情。

2019年11月，经邢台市政府和河北省体育局批准，平乡县在县全民健身中心、县第一中学举办了武术进校园中小学武术套路比赛暨首届国家级非

---

[1] 《武当武术进校园啦!》，十堰市教育局网站，2019年11月20日，http://jyj.shiyan.gov.cn/zwdt/gzdt/201911/t20191120_1904716.shtml，最后访问日期：2020年10月8日。

遗梅花拳演武大会。此次大会一共持续了 3 天，吸引了山西、河南、山东以及河北本地的多支校园武术队参加比赛。①

在河北省级层面，早在 2019 年 3 月 22～24 日，相关部门就已经举办了"2019 年河北省武术进校园武术交流赛暨精准扶贫赛"，打造出"河北武术 + 精准扶贫 + 武术进校园"的特色模式。这一模式将武术进校园与精准扶贫充分结合起来，通过武术进校园的一系列活动，学生不仅能够学习传统武术的动作技巧，还能够体会武术文化中所蕴含的自然之道、人文之道，学会如何与他人相处，形成良好的行为习惯，最终促进其身心全面发展。

在 2020 年颁布的《关于全面加强和改进新时代学校体育工作的意见》的指导下，各省区市相继出台了一系列配套文件，以"武术进校园"为契机，发挥各自地区的武术优势，打造各级各类武术特色学校。《河南省武术产业发展规划（2021—2025 年）》指出，将在目前已经命名的 109 所省级武术特色学校的基础上，充分利用河南"少林功夫 + 太极拳"的武术资源优势，力争用 5 年的时间打造 160 所省级武术特色学校，筑牢武术传承的根基。②

（四）现状与潜力

得益于国家政策的支持和鼓励，大众武术和学校武术近年来发展迅猛，已经形成数量庞大的练习人群，为武术产业的发展提供了可观的消费群体。但是就目前而言，尚缺乏面向这部分群体的专门性赛事和全国性赛事，发展的地域性和封闭性问题较为突出。为此，本报告建议从以下两个方面解决这一问题。

第一，建立赛事联盟，设定专门针对大众武术练习者的比赛：①学习、借鉴西方体育赛事的经验，建立区域性的赛事联盟；②根据武术项目流派的

① 《河北平乡举办梅花拳演武大会》，人民网，2019 年 11 月 24 日，http：//sports. people. com. cn/n1/2019/1124/c383225 - 31471510. html，最后访问日期：2020 年 11 月 26 日。

② 《划重点！〈河南省武术产业发展规划（2021—2025 年）〉明确了这些内容》，搜狐网，2021 年 7 月 6 日，https：//www. sohu. com/a/475854892_ 376637，最后访问日期：2021 年 7 月 7 日。

不同，建立专门性武术项目的赛事联盟；③根据练习者的年龄大小，设立青少年赛事联盟和中老年赛事联盟。

第二，联合各地学校，构建区域覆盖面较广的武术联赛体系：①结合学校体育教育改革，将武术考核纳入学生体育测试项目；②积极谋求同高校联盟的合作，创立高校武术赛事体系。

四 武术文化的发展视角

（一）"一带一路"

"一带一路"目前是国家开展对外合作与发展的重要倡议，也是构建"人类命运共同体"的重要路径，它将中国与世界多国紧密地联系在了一起。武术长期以来就在我国的对外交往中起到重要的作用，如今武术也积极参与"一带一路"的建设，为中国和共建"一带一路"国家构筑起理解、合作与互信的桥梁。

2019年，武术积极服务于"一带一路"倡议，既积极吸引外国友人"走进来"，又主动"走出去"，坚持"引进来"与"走出去"相结合，增强了武术对世界人民的吸引力。开展的主要活动有以下方面。

1. 北京体育大学武术表演团赴共建"一带一路"国家"三巡"演出[①]

2019年4月25～27日，第二届"一带一路"国际合作高峰论坛在北京举行。为配合此次论坛，在论坛举办前，北京体育大学武术表演团走进中亚，宣传中国武术文化。

北京体育大学中国武术表演团依次前往哈萨克斯坦和乌兹别克斯坦的5个城市，在当地的孔子学院表演了自创节目《太极功夫传奇》，将武术与艺术完美地融合到了一起。此次演出活动由中国国家汉办（孔子学院总部）

---

① 《北京体育大学武术表演团赴"一带一路"国家"三巡"演出圆满成功》，国家体育总局北京体育大学网站，2019年4月23日，http://www.sport.gov.cn/btd/n5576/c904434/content.html，最后访问日期：2020年12月27日。

组织，属于赴共建"一带一路"国家"三巡"（文艺巡演、文化巡展、专家巡讲）系列活动。

与之相应地，《太极功夫传奇》除了舞台表演外，也加入了讲演的形式，这样有助于帮助观众更好地了解"太极"。《太极功夫传奇》的编排是对以往武术运动形式的一种超越，它以传统太极的基本动作为蓝本，融入了舞蹈的元素，可谓对中国传统武术进行了创造性发展，开拓出了新的发展方向。

《太极功夫传奇》向观众讲述了一位武者历经磨难，终于领悟太极精髓的故事。整个演出向观众展现了太极功法、太极器械和太极拳术的魅力，引起了在场观众的广泛共鸣，赢得了无数掌声，也得到了与会各国政要的一致好评。

武术作为中华优秀传统文化的重要组成部分，本身有着千百年的传承历史，这对于我们而言是一笔宝贵的财富，但是正如儒家经典《大学》所说的"苟日新，日日新，又日新"，天下的事物，必须时刻追求创新。《周易》也说"穷则变，变则通，通则久"。中国武术也必须坚持与时俱进，只有如此，武术才能保持长久的生命力和不竭的活力。

中国的武术文化要想走向世界，走入世界人民的心里，就必然要适应各国不同风俗、习惯，考虑不同文化语境的差异，适当转换展现形式和传播模式，从而更易被喜欢、被接纳。《太极功夫传奇》已经为我国的武术形式创新做出了很好的示范，可以根据实际条件、不同受众需求而进行创编与推广。

2. 2019 "一带一路"太极行（中国·焦作）活动①

2019 年，焦作市委、市政府策划了"一带一路"太极行活动，此次活动的目的在于向共建"一带一路"国家宣传太极文化，用"引进来"的方式让国际友人真切体会太极文化的内涵。

---

① 《2019 "一带一路"太极行（中国·焦作）活动启动》，河南省人民政府网，2019 年 9 月 4 日，http：//www.henan.gov.cn/2019/09 - 04/950506.html，最后访问日期：2020 年 12 月 27 日。

此次活动从温县陈家沟开始，随后国内和国外超过200个城市也加入了这一活动。这些城市既包括北京、上海、广州等国内的城市，也包括美国纽约、德国柏林、韩国首尔等国外的城市。这项活动可谓近几年同类型活动中规模最大、参加人数最多、影响最为广泛的。

各个城市的活动内容并不相同，各具特色。2019年9月2日，该活动在河南启动时，参加人数多达上万人。当天有上万人在陈家沟参加了太极拳展演活动，为世人呈现了万人"武"太极的壮丽景象，呈现了一场完美的视觉盛宴。现场还有国外的太极拳爱好者参与了表演。

太极拳是起源于温县陈家沟的一项体育运动，明末清初时期，它由当地人陈王廷所创，此后广泛流传，在传播过程中又衍生出杨式、武式、吴式、孙式等不同的派别，繁荣景象可谓蔚为大观。陈家沟也一直被中外太极爱好者视为"太极圣地"。此次活动从太极拳的发源地发起，对于太极拳的爱好者们而言具有非凡的意义，具有极强的号召力和感染力。

此次活动对于太极文化的推广具有十分重要的意义，不仅在国内进一步巩固了太极文化的影响力，还积极在国外各大城市组织表演和推广，进一步增强了太极文化的国际影响力。

太极文化是中国武术文化的重要组成部分，同时太极也是被国内外公众最为熟知的一种武术文化。中国武术文化的传播应当突出重点，以点带面，形成系统推动力，创立多个武术品牌，从而形成武术文化传播的合力，壮大武术爱好者和练习者的队伍。

（二）印度[①]

2020年1月22日，印度第三届全国青少年运动会闭幕式演出活动在阿萨姆邦首府古瓦哈蒂市正式拉开帷幕。国家体育总局武术运动管理中心外事部曾芳部长和北京体育大学中国武术学院王晓娜老师带领北体大武术套路代

---

① 《北体大中国武术学院师生赴印度参加第三届全国青少年运动会闭幕式演出活动》，人民网，2020年1月24日，http：//sports. people. com. cn/n1/2020/0124/c22167－31561969. html，最后访问日期：2021年1月2日。

表队6名优秀运动员参加了此次演出活动。运动员们曾多次获得过全国武术套路锦标赛及全国大学生武术套路锦标赛冠军。

表演活动分为"东方武韵"和"武动乾坤"两个章目。"东方武韵"的表演元素融合了三人太极毛笔、二人功夫扇暨集体太极扇，将太极拳动作与中国书法艺术巧妙结合，体现出中国传统文化的博大精深。在"武动乾坤"章目中，运动员们演绎了自选长拳、醉剑、单鞭、翻子拳、个人太极扇、两人对练空手夺枪、南拳、双鞭以及集体长拳等项目，以勇猛快速、密如疾雨、灵活多变、刚柔相济、虚中藏实、实中有虚、虚实相生的武术特点，充分展现出中华武术的独特魅力。

（三）其他

2019年12月3日，"中芬冬季运动年"闭幕式在芬兰罗瓦涅米市拉比体育馆隆重举行。中国国务院副总理孙春兰与芬兰第一副议长哈泰宁共同出席并分别致辞。北京体育大学武术套路队和龙狮队在闭幕式上进行了精彩演出，表演分为"东方武韵""金鼓雄狮""武动乾坤""龙腾九霄"四部分。学生们用精湛的技艺展示了中华优秀传统文化的魅力，赢得了阵阵掌声。[①]

2020年1月17日，由中华人民共和国文化和旅游部、中华人民共和国驻迪拜总领事馆及迪拜"拥抱中国"计划执行委员会共同举办的2020"欢乐春节"大巡游活动在迪拜城市步行街（City Walk）正式开启。阿联酋驻华大使馆经济贸易主管萨利赫·阿勒迪卜·哈迈里、"拥抱中国"计划执行委员会成员穆罕默德·沙西、中华人民共和国驻阿联酋大使倪坚、中华人民共和国驻迪拜总领事李旭航、中华人民共和国文化和旅游部国际交流与合作局巡视员余建等嘉宾出席活动，并为舞狮点睛，启动巡游。巡游当天，在City Walk的主舞台区，一场以"中国祝福"为主题的专场演出为迪拜民众和游客带来了视觉和听觉上的饕餮盛宴。来自北京体育大学艺术团的开

① 《中国武术学院师生赴芬兰参加中芬冬季运动年闭幕式演出》，北京体育大学中国武术学院网站，2019年12月4日，https://wushu.bsu.edu.cn/xydt/e244994928614d4586d99328336a62c7.htm，最后访问日期：2020年9月15日。

场表演《北狮》，让迪拜民众和游客迅速被中国过年时节热闹的气氛感染；随后，惊险刺激、引人入胜的杂技表演"惊呆"了现场观众；而融合了中华武术阴柔与阳刚和谐之美的节目《太极扇》《集体刀》及具有鲜明民族特色的节目《舞龙表演》则将现场演出氛围带至高潮。

（四）现状与潜力

自新中国成立以来，武术就一直是对外宣传中国文化的亮丽名片和对外交往的桥梁，一直在外交舞台上发光发热。但是就其现状而言，在武术"走出去"的过程中，其缺点是"蜻蜓点水"，虽然能惊艳外国友人，但是没有扎根下来。就此，本报告建议从以下两个方面加以改进。

第一，打造国际武术品牌，将国内宣传与国际传播结合起来：①充分利用现代科学技术，尤其是现代网络技术，创建多元传播体系，将长视频与短视频结合起来；②充分挖掘武术文化内涵，将武术传播与影视制作结合起来，学习、借鉴好莱坞动画电影的制作经验，打造属于我们自己的武术动漫产业。

第二，建立标准化推广体系，帮助武术在海外深入、持久地推广下去：①积极推进武术类书籍的翻译工作，为武术的海外传播提供文本支撑；②制定统一的武术术语外文名称对应体系，为武术的标准化推广扫清语言障碍；③广泛调研，积极听取专家的意见和建议，建立统一的武术动作标准库；④建立配套服务体系，充分发挥市场的作用，为武术推广提供标准化的器械、服装等。

武术是中华国粹，其在弘扬民族精神、传播中华文化、展示国家形象上具有重大作用。我们也要看到其在强身健体、益寿延年、丰富社会文化生活、活跃产业要素上的积极作用，进而营造武术文化空间，发挥其现代价值，尤其是文化价值和经济价值。因此，我们要擦亮"武术之乡""功夫之城"品牌，打造"武术文化产业园""武术文化创意产业链"，让武术成为中华优秀传统文化创造性转化、创新性发展的样板，并服务于"一带一路"和"人类命运共同体"的建设。

参考文献

窦中宇、关博：《体育强国战略背景下武术文化的复兴与发展路径探析》，《中华武术》2021 年第 1 期。

韩淑梅：《武术非物质文化遗产的发展困境与对策研究》，《黑河学院学报》2019 年第 1 期。

李臣、张帆：《中国武术文化品牌化推进路径》，《上海体育学院学报》2018 年第 4 期。

刘书琛、丁保玉：《武术文化国际化推广与发展路径探究》，《中华武术》2020 年第 12 期。

刘旭、孙晋海：《新时代中国武术文化发展研究》，《体育文化导刊》2020 年第 11 期。

马文友：《"一带一路"沿线国家的武术文化品牌建设研究》，第十一届全国体育科学大会论文摘要汇编，2019。

苏奕敏、王岗：《武术影视文化价值回归与文化传播责任担当》，《山东体育学院学报》2016 年第 2 期。

唐美彦、陆小黑：《新时代武术文化软实力的问题对策研究》，《中华武术》2020 年第 7 期。

专 题 篇
Special Reports

B.6
中国太极拳健康工程建设

时 婧 李云蕾 冯 珺*

摘 要： 太极拳在我国具有广泛的老年群众基础，在体育与养老融合发展的视角下，科学评估太极拳健康工程的实施效果，借此研判太极拳在我国老年人群体中的推广基础和健康影响，具有重要的现实意义。首先，本报告梳理太极拳健康工程的建设背景和发展现状，指出太极拳健康工程已基本完成了第一阶段的技术体系、组织网络、赛事平台、培训系统等"四个一"建设目标。其次，从太极拳健康工程的推广效果以及太极拳健康工程对于改善老年人健康状况的作用等两个角度针对太极拳健康工程的实施情况加以评估。最后，本报告提出加大太极拳健康工程的政策推广力

* 时婧，历史学博士，北京体育大学中国武术学院讲师，研究方向为中国思想史、武术文化、太极拳运动；李云蕾，经济学博士，河南工业大学经济贸易学院讲师，研究方向为人口老龄化、太极拳健康工程；冯珺，经济学博士，北京体育大学体育商学院讲师，研究方向为应用微观经济计量学、武术产业、太极拳健康工程。北京体育大学霍润彤对本报告亦有贡献。

度、夯实太极拳相关的社区工作、注重信息技术对太极拳传播和推广的作用等旨在进一步提升太极拳推广效果和发展质量的对策建议。

关键词： 太极拳健康工程　健康老龄化　"体养"融合

新中国成立70余年来我国健康事业取得重要成就，居民人均预期寿命从新中国成立初期的不足35岁增加至2019年的77.3岁。预期寿命提升意味着人民群众能够更加充分地分享经济和社会发展成果、享受美好生活，但也意味着老年人口在总人口中所占比重持续增长，从而带来人口老龄化的相应挑战。我国60岁及以上老年人口目前已在2.55亿人左右，且未来30年间仍将保持年均2.35%的增长速度。[①]　因此，如何妥善应对老龄化、实现健康老龄化成为亟待回应的时代命题。

以习近平同志为核心的党中央高度重视健康民生需求。习近平总书记指出，"没有全民健康，就没有全面小康""广泛开展全民健身运动，促进群众体育和竞技体育全面发展"[②]，指明了以全民健身和群众体育推动健康事业发展的正确方向。基于此，《"健康中国2030"规划纲要》《体育强国建设纲要》等政策文件明确提出要制订实施老年人体质健康干预计划，以促进老年人体育活动开展，体育与养老融合，即"体养"融合，使之成为实现健康老龄化的政策取向和实践抓手。[③]

太极拳在我国具有广泛的老年群众基础，并于2020年被列入联合国教

①　《关于印发"十三五"健康老龄化规划的通知》，搜狐网，2017年3月25日，https：//www.sohu.com/a/130224627_611014，最后访问日期：2020年11月2日。

②　《全国卫生与健康大会19日至20日在京召开》，中国政府网，2016年8月20日，http：//www.gov.cn/xinwen/2016-08/20/content_5101024.htm，最后访问日期：2021年4月6日。

③　张健、王会寨：《全生命周期体育融合发展研究》，《北京体育大学学报》2020年第12期，第1～10页。

科文组织批准的《人类非物质文化遗产代表作名录》，是为数不多的兼具文化凝聚力、市场生命力和国际影响力的民族传统体育项目。① 在健康老龄化的背景下，太极拳有望为改善老年人健康状况、推动我国"体养"融合发展发挥更加关键的作用。自 2014 年起，国家体育总局武术运动管理中心着手策划、论证并实施的"太极拳健康工程"成为新时代通过太极拳实现"体养"融合的有力抓手。因此，科学评估太极拳健康工程的实施效果，借此研判太极拳在我国老年人群体中的推广基础和健康影响，并在此基础上总结提炼太极拳服务我国"体养"融合的路径选择和优化方向，具有重要的现实意义。

本报告分为三个主要部分：第一部分梳理太极拳健康工程的建设背景，重在从公共治理实践的角度厘清太极拳健康工程的政策脉络和发展现状；第二部分介绍本报告所使用的数据和研究方法，并从太极拳健康工程的推广效果以及太极拳健康工程对于改善老年人健康状况的作用两个角度针对太极拳健康工程的实施情况加以评估；第三部分针对太极拳健康工程的评估结果，提出进一步提升太极拳推广效果和发展质量的对策建议。

一 太极拳健康工程的建设发展情况

太极拳健康工程系列活动是在国家体育总局领导的亲切关怀和大力支持下，由国家体育总局武术运动管理中心自 2014 年开始策划、实施的一项太极拳惠民工程。以《全民健身计划（2016—2020 年）》和《中医药健康服务发展规划（2015—2020 年）》的出台为背景，国家体育总局武术运动管理中心启动太极拳健康工程。经过几年不断地丰富和完善，2020 年已基本完成了太极拳健康工程第一阶段的"四个一"建设目标，即建立起了一个科学规范的技术体系（太极"八法五步"推广套路）、一个全面覆盖的组织网络（三级武术协会）、一个竞技交流的赛事平台（三级联动的太极拳公开

---

① 李慎明：《让太极文化和太极拳在全国进一步普及并尽快走向世界》，《世界社会主义研究》2020 年第 8 期，第 14~19 页。

赛）、一个普及推广的培训系统（三级太极拳培训班）。

在技术体系建设方面，太极拳健康工程的技术体系包括手册、技术教材、竞赛模式和规则。自 2016 年起，国家体育总局武术运动管理中心组织专家根据太极拳教学标准，编写了《太极拳健康指导手册》，为太极拳的普及推广奠定了基础。同时，太极拳健康工程被列为国家体育总局武术研究院的重点课题，太极拳各流派技术得以被深入研究和梳理，太极拳大众普及教材也陆续创编出来。此外，通过北京体育大学、上海体育学院、邯郸学院和河南省武术运动管理中心 4 家单位共同参与的研究和试点工作，太极拳健康工程所包含的太极拳及太极推手等的基本技术内容得以确定。

在组织网络建设方面，基层武术组织的作用更加凸显。在技术体系基本完善的基础上，国家体育总局武术运动管理中心召开了全国性的专家研讨会，举办了多次全国性的太极拳骨干人才的培训班。同时，为了在全国形成一个全覆盖的组织网络，国家体育总局武术运动管理中心着力探索以中国武术协会为龙头，以各省区市武协为主线，以各县（市）、区武协为基点，以全国 100 个"武术之乡"为重点的发展模式，由此基本形成了全方位、立体式、上下联动的组织网络和工作机制。目前，基层武术组织在社会体育指导员培训、太极拳文化的宣传拓展以及疫情防控时期居家健身活动的组织方面发挥着越来越重要的作用，为太极拳健康工程建设做出了更加积极的贡献。

在赛事平台建设方面，为了与社会武术发展的新形势相适应，推动社会武术朝职业化方向发展，同时提高太极拳在全民健身公共服务体系中的贡献率，国家体育总局武术运动管理中心自 2015 年以来精心策划组织了一系列太极拳专项赛事，逐步创建了全国太极拳公开赛系列赛的新平台，在国家、省市、区县三个层面，形成了赛事的三级联动雏形。以太极拳公开赛为代表的赛事平台可以同时服务太极拳国际竞技交流。目前，国家体育总局武术运动管理中心和中国武术协会重点打造了世界太极拳健康大会、中国·邯郸国际太极拳运动大会、中国·焦作国际太极拳交流大赛 3 个大型国际太极拳系列赛事品牌。这些品牌赛事的举办，不断扩大了太极拳的国际影响力，树立了太极文化的世界品牌形象。

在培训系统建设方面，太极拳健康工程的培训系统包括培养骨干队伍和举办全国性、区域性及行业性等各种形式的太极拳培训活动。仅 2015～2016 年，国家体育总局武术运动管理中心已举办太极拳骨干培训班 18 期，培训骨干人员逾 3000 人。[①] 通过重点培训太极拳技术骨干，太极拳从业人员的专业理论和技能水平不断提升，太极拳师资队伍的综合素质和业务能力也得到持续提升。此外，中国武术协会以武术会员、段位制为依托，充分利用协会和段位制网络，建立太极拳练习者数据库。一方面全面掌握太极拳练习人数信息，另一方面通过网络为太极拳练习者提供赛事信息、教学信息、资料查询等服务。目前，太极拳会员注册人数约为 20 万人，拥有太极拳段位的人数约为 40 万人。[②]

整体而言，太极拳健康工程近年来扎实推进，已基本完成了第一阶段的"四个一"建设目标，从而使太极拳能够更好地服务全民健身事业和健康中国战略。然而太极拳健康工程的建设成果除了体现在公共治理、公共事业和公共服务方面以外，归根结底还在于使人民群众通过练习太极拳获得健康需求的切实满足和健康水平的实际改善。尤其是在"体养"融合的背景下，太极拳所固有的运动特点使其在改善老年人群体的健康水平方面能够发挥独到的作用与价值。因此，在《全民健身计划（2021—2025 年）》编制和组织实施的新起点下，通过分析老年人群体中太极拳练习者的基本特征以及练习太极拳对老年人身心健康的影响来评估太极拳健康工程的实施效果，具有重要的实践意义。

二 太极拳健康工程改善老年人健康状况实施效果评估

（一）研究数据及方法介绍

1. 研究数据

本报告选取太极拳健康工程实施以来的中国老年健康影响因素跟踪调查

---

① 蒋亚明：《"太极拳健康工程"实施三年丰硕成果》，《中国体育报》2017 年 3 月 9 日，第 7 版。
② 蒋亚明：《"太极拳健康工程"实施三年丰硕成果》，《中国体育报》2017 年 3 月 9 日，第 7 版。

（Chinese Longitudinal Healthy Longevity Survey，CLHLS）2018 年最新数据
（简称"CLHLS 2018"）作为分析对象。CLHLS 由北京大学健康老龄与发展
研究中心主持，自 1998 年以来进行了 8 次入户调查，累计访问人数达 11.3
万人次，内容包括 60 岁及以上老年人的人口统计学特征、家庭特征、健康
状况和经济来源等信息。该调查问卷内容完整、结构科学、代表性强，是一
项得到国内外学者普遍认可的高质量微观数据。最新公布的 2018 年数据覆
盖全国 23 个省区市，包括北京、天津、河北、山西、辽宁、吉林、黑龙江、
上海、江苏、浙江、安徽、福建、江西、山东、河南、湖北、湖南、广东、
广西、海南、重庆、四川和陕西，总样本数达到 15874 例。根据研究需要，
剔除变量缺失的样本后，得到 60 岁及以上老年人的有效样本 10213 例。

2. 研究方法

在评估太极拳健康工程推广效果的过程中，本报告采取分组描述性统计
的方法。在评估太极拳健康工程改善老年人健康状况的过程中，本报告采用
普通最小二乘（OLS）模型和 Probit 模型进行实证分析。OLS 模型是回归分
析最基本的一种形式，对模型条件要求最少，适合进行基准分析。又由于评
估所涉及的被解释变量为二分变量，为克服异方差性对估计结果的影响，本
报告选取离散选择模型中常用的 Probit 模型进行分析，并将估计结果与 OLS
模型的估计结果加以对照。

（二）太极拳健康工程推广效果评估

实施太极拳健康工程的根本目的在于增加太极拳练习人口，进一步推动
太极拳全民健身工作的深入开展。因此，本报告通过"太极拳练习者"这
一最终指标反映太极拳健康工程的推广效果。值得注意的是，CLHLS 2018
作为大样本微观数据具有较强的全国代表性，但是，考虑到抽样调查数据的
局限性，本报告在评估太极拳健康工程推广效果的过程中仅汇报太极拳练习
者的相对比重而非样本绝对数。

1. 太极拳练习者的健身习惯特征

从太极拳练习者的健身习惯特征来看，太极拳对于练习者健身习惯的养

成和坚持表现出较为积极的作用。如表1所示，坚持"每天练习一次"的人数占比为54.36%，坚持"每周至少练习一次"的人数占比为17.73%，坚持"每月至少练习一次"的人数占比为8.72%，选择"不定期练习"的人数占比为19.19。整体而言，能够坚持"每天练习一次"的人数超过了练习者总数的50%，能够坚持"每天练习一次"和"每周至少练习一次"的人数合计超过了练习者总数的70%。

表1 太极拳练习者的健身习惯特征

单位：%

指标	每天练习一次	每周至少练习一次	每月至少练习一次	不定期练习	合计
人数占比	54.36	17.73	8.72	19.19	100

资料来源：根据 CLHLS 2018 数据整理。

2. 太极拳练习者的区域分布特征

从太极拳练习者的区域分布特征来看，太极拳健康工程的推广效果不仅取决于经济和社会发展水平，也和历史文化因素密切相关。如表2所示，从太极拳练习者的区域分布来看，北京、辽宁、广东、黑龙江、上海等地的练习者占样本总数的比重较高，其中北京的练习者占比最高，达到8.1%；其次是辽宁、广东、黑龙江、上海，分别占比7.7%、6.8%、6.3%、6.3%；河北、重庆、四川等地的练习者占比均超过3.7%的平均水平，河北占比5.1%、重庆占比4.6%、四川占比4.2%；陕西占比与平均水平相当，为3.7%；天津、山西、吉林、江苏、浙江等14个省区市的太极拳练习者占样本总数的比重低于平均水平，其中天津和海南占比最低，均为1.3%。

3. 太极拳练习者的城乡分布特征

从太极拳练习者的城乡分布特征来看，太极拳在城镇地区的推广效果要明显优于农村地区。如表3所示，城镇太极拳练习者占城镇样本总数的比重为4.7%，农村太极拳练习者占农村样本总数的比重为1.6%。仅就太极拳练习者群体而言，城镇练习者占练习者总数的比重为79.36%，农村练习者

表2 太极拳练习者的区域分布特征

单位：%

序号	省区市	太极拳练习者占样本总数的比重	序号	省区市	太极拳练习者占样本总数的比重
1	北京	8.1	13	山东	2.7
2	辽宁	7.7	14	吉林	2.5
3	广东	6.8	15	湖北	2.5
4	黑龙江	6.3	16	福建	2.4
5	上海	6.3	17	江苏	2.2
6	河北	5.1	18	广西	2.2
7	重庆	4.6	19	湖南	1.9
8	四川	4.2	20	安徽	1.7
9	陕西	3.7	21	山西	1.5
10	江西	3.3	22	天津	1.3
11	河南	3.3	23	海南	1.3
12	浙江	3.2			

资料来源：根据CLHLS 2018数据整理。

占练习者总数的比重为20.64%，二者比例约为4:1。城乡太极拳练习者规模差距较为明显，太极拳健康工程在城镇地区的推广效果更加理想，主要原因在于我国城乡二元经济结构特征依然明显，农村地区在与太极拳相关的公共体育设施保障、科学的健身指导服务以及健身意识培育方面均存在不同程度的薄弱之处。

表3 太极拳练习者的城乡分布特征

单位：%

城乡	太极拳练习者占练习者总数的比重	太极拳练习者占地区样本总数的比重
城镇	79.36	4.7
农村	20.64	1.6

资料来源：根据CLHLS 2018数据整理。

4. 太极拳练习者的人口统计学特征

从太极拳练习者的人口统计学特征来看，太极拳在年龄相对较轻、男性、有配偶的老年人群体中具有更好的推广效果。如表4所示，就全样本数据而言，按年龄分组的数据显示，60～80岁年龄组的练习者占该组样本的比重为4.5%，80岁及以上年龄组的练习者占该组样本的比重为2.5%；按性别分组的数据显示，男性练习者占男性样本的比重为3.8%，女性练习者占女性样本的比重为3.0%；按婚姻状况分组的数据显示，有配偶的练习者占有配偶样本的比重为4.2%，无配偶的练习者占无配偶样本的比重为2.6%。整体而言，年龄相对较轻、男性、有配偶的老年人练习太极拳的比重均高于其他群组。

本报告进一步区分年龄、性别、婚姻状况等群组，以分析太极拳练习者的城乡规模。按年龄分组的数据显示，60～80岁的老年人中练习太极拳的人数占比高于80岁及以上的老年人。在城镇地区，60～80岁年龄组的练习者占该组样本的比重为6.5%，80岁及以上年龄组的练习者占该组样本的比重为3.6%；在农村地区，中低龄老年人练习太极拳的占比明显下降，60～80岁年龄组的练习者占该组样本的比重为2.1%，80岁及以上年龄组的练习者占该组样本的比重为1.2%。按性别分组的数据显示，老年男性练习太极拳的比重在城镇和农村地区均高于老年女性。在城镇地区，老年男性练习太极拳的人数在老年男性样本中的占比为5.2%，老年女性练习太极拳的人数在老年女性样本中的占比为4.3%；在农村地区，老年男性练习太极拳的人数在老年男性样本中的占比为2.0%，老年女性练习太极拳的人数在老年女性样本中的占比为1.3%。按婚姻状况分组的数据显示，有配偶的老年人练习太极拳的比重在城镇和农村地区均高于没有配偶的老年人。在城镇地区，有配偶的老年人练习太极拳的人数占该组样本总数的5.9%，无配偶的老年人练习太极拳的人数占该组样本总数的3.6%；在农村地区，有配偶的老年人练习太极拳的人数占该组样本总数的2.1%，无配偶的老年人练习太极拳的人数占该组样本总数的1.1%。整体而言，无论是在城镇地区还是在农村地区，年龄相对较轻、男性、有配偶的老年人练习太极拳的比重均高于其他群组。

表4　太极拳练习者的人口统计学特征

单位：%

样本范围	分年龄		分性别		分婚姻状况	
	60～80岁	80岁及以上	男性	女性	有配偶	无配偶
全样本	4.5	2.5	3.8	3.0	4.2	2.6
城镇	6.5	3.6	5.2	4.3	5.9	3.6
农村	2.1	1.2	2.0	1.3	2.1	1.1

资料来源：根据CLHLS 2018数据整理。

（三）太极拳健康工程改善老年人健康状况的作用评估

1. 模型设定

为评估太极拳健康工程对于改善老年人健康状况的作用，本报告以老年人的健康状况作为被解释变量，以练习太极拳的频率作为解释变量，建立回归模型。

在被解释变量方面，老年人的健康状况分为身体健康状况和心理健康状况。身体健康状况由老年人的日常生活自理能力和自评健康来衡量，采用基础性日常生活自理能力（ADL）、工具性日常生活自理能力（IADL）及自评健康变量进行描述。其中，ADL参考Katz指数法将洗澡、穿衣、上厕所、室内活动、控制大小便、吃饭是否需要他人帮助作为评价指标，设置成二分变量，若6项均能独立完成则表示ADL完好，若1项及以上不能独立完成则表示ADL受损；而IADL对应以下8个项目，即能否独自到邻居家串门、外出买东西、做饭、洗衣服、连续走1公里、提起5千克重的东西、连续蹲下站起3次、乘坐公共交通工具出行，若8项指标均能独立完成则表示IADL完好，若1项及以上不能独立完成则表示IADL受损，同样设置成二分变量；自评健康基于个体对自身身体、心理和社会适应等方面的主观感受和客观健康信息综合而来，设置为二分变量，1表示良好，0表示较差。心理健康状况使用"对生活的满意度"、"凡事是否想得开"和"是否觉得与年轻时一样开心"来衡量，均设置成二分变量。

在解释变量方面，对于练习太极拳的频率，根据研究习惯，将"从不练习太极拳"赋值为1，将"不定期练习"赋值为2，将"每月至少练习一次"

赋值为3，将"每周至少练习一次"赋值为4，将"每天练习一次"赋值为5。

模型所涉及的其他控制变量包括人口统计学特征、居住模式、经济状况、医保情况等。人口统计学特征包括年龄、性别、民族、户籍类型、受教育年限、婚姻状况；居住模式包括与家人住、独居以及在养老院生活，分别赋值为1~3；经济状况包括退休前的职业、家庭人均收入对数、是否有房产；医保情况包括有医保和没有医保，分别赋值为1和0。

2. 太极拳对练习者身体健康状况的改善效果评估

根据实证分析结果，练习太极拳能够显著影响老年人的身体健康状况。如表5所示，在基础性日常生活自理能力（ADL）方面，练习太极拳的频率越高，老年人ADL完好的概率越大，OLS模型的估计结果在10%的统计水平下显著；在工具性日常生活自理能力（IADL）方面，练习太极拳的频率越高，老年人IADL完好的概率越大，且OLS模型和Probit模型的估计结果均在1%的统计水平下显著；在自评健康方面，练习太极拳的频率越高，自评健康良好的概率越大，且OLS模型和Probit模型的估计结果均在1%的统计水平下显著。整体而言，练习太极拳对老年人身体健康状况具有明显的正向作用，且锻炼效果随着练习频率的增加而提升。

此外，年龄对老年人身体健康状况的负向影响难以避免。老年人年龄越大，ADL和IADL完好的概率越小；相比于女性，男性的ADL、IADL和自评健康状况更好；城镇老年人ADL和自评健康水平低于农村老年人；有配偶的老年人ADL和IADL状况好于无配偶的老年人，但自评健康水平低于无配偶的老年人；家庭人均收入越高，IADL和自评健康状况越好。

表5　太极拳对练习者身体健康状况的改善效果评估

变量	ADL		IADL		自评健康	
	OLS模型	Probit模型	OLS模型	Probit模型	OLS模型	Probit模型
练习太极拳的频率	0.013 * (0.007)	0.047 (0.033)	0.028 *** (0.008)	0.104 *** (0.030)	0.038 *** (0.010)	0.098 *** (0.026)
年龄	−0.014 *** (0.001)	−0.049 *** (0.002)	−0.022 *** (0.001)	−0.078 *** (0.002)	−0.001 (0.001)	−0.003 (0.002)

续表

变量	ADL		IADL		自评健康	
	OLS 模型	Probit 模型	OLS 模型	Probit 模型	OLS 模型	Probit 模型
性别 （男性 =1）	0.030 *** (0.010)	0.093 ** (0.040)	0.086 *** (0.011)	0.382 *** (0.039)	0.061 *** (0.013)	0.156 *** (0.033)
民族 （汉族 =1）	− 0.070 *** (0.016)	− 0.271 *** (0.071)	− 0.058 *** (0.018)	− 0.236 *** (0.065)	− 0.009 (0.022)	− 0.022 (0.056)
受教育年限	− 0.000 (0.001)	0.001 (0.006)	0.010 *** (0.002)	0.026 *** (0.005)	− 0.005 *** (0.002)	− 0.012 *** (0.005)
户籍类型 （城镇 =1）	− 0.035 *** (0.010)	− 0.135 *** (0.039)	− 0.015 (0.010)	− 0.039 (0.039)	− 0.023 * (0.013)	− 0.059 * (0.032)
婚姻状况 （有配偶 =1）	0.058 *** (0.013)	0.181 *** (0.049)	0.036 *** (0.014)	0.111 ** (0.047)	− 0.056 *** (0.016)	− 0.141 *** (0.042)
居住模式（与家人住 =1， 独居 =2,在养老院生活 =3）	0.066 *** (0.024)	0.194 ** (0.086)	0.026 (0.023)	0.148 * (0.086)	− 0.005 (0.029)	− 0.013 (0.074)
退休前的职业 （技术管理类 =1）	− 0.027 (0.017)	− 0.130 ** (0.067)	0.003 (0.018)	0.061 (0.064)	0.016 (0.022)	0.042 (0.056)
家庭人均收入对数	0.001 (0.004)	0.005 (0.015)	0.010 ** (0.004)	0.039 *** (0.014)	0.028 *** (0.005)	0.071 *** (0.012)
是否有房产（是 =1）	− 0.023 ** (0.010)	− 0.081 ** (0.042)	− 0.024 ** (0.011)	− 0.077 * (0.040)	0.005 (0.014)	0.013 (0.035)
是否有医保（有 =1）	0.050 *** (0.014)	0.177 *** (0.050)	− 0.008 (0.013)	− 0.018 (0.053)	− 0.065 *** (0.017)	− 0.165 *** (0.044)
常数项	1.810 *** (0.066)	4.682 *** (0.265)	2.030 *** (0.070)	5.423 *** (0.259)	0.369 *** (0.085)	− 0.336 (0.217)
样本量	6951	6951	6951	6951	6938	6938

注：＊、＊＊、＊＊＊分别代表在10%、5%、1%的统计水平下显著，括号内数值为标准误。
资料来源：根据 CLHLS 2018 数据测算。

3. 太极拳对练习者心理健康状况的改善效果评估

基于"对生活的满意度"、"凡事是否想得开"以及"是否觉得与年轻时一样开心"等若干代理变量，能够发现练习太极拳能够有效改善老年人的心理健康状况。如表6所示，在"对生活的满意度"方面，练习太极拳的频率越高，老年人对生活的满意度越高，且 OLS 模型和 Probit 模型的估计结果均在10%的统计水平下显著；在"凡事是否想得开"方面，练习太极拳的频率越高，老年人凡事想得开的概率越大，且 OLS 模型和 Probit 模型的估计结果均在10%的统计水平下显著；在"是否觉得与年轻时一样开心"方面，练习太极拳的频率越高，老年人和年轻时一样开心的概率越大，且OLS模型和Probit模型的估计结果均在1%的水平下显著。整体而言，练习太极拳对老年人心理健康状况具有正向作用，且锻炼效果随着练习频率的增加而提升。

表6　太极拳对练习者心理健康状况的改善效果评估

变量	生活满意度		凡事想得开		和年轻时一样开心	
	OLS 模型	Probit 模型	OLS 模型	Probit 模型	OLS 模型	Probit 模型
练习太极拳的频率	0.016 * (0.009)	0.051 * (0.029)	0.013 * (0.007)	0.054 * (0.031)	0.038 *** (0.010)	0.097 *** (0.026)
年龄	0.002 *** (0.001)	0.006 *** (0.002)	0.001 * (0.001)	0.003 (0.002)	− 0.003 *** (0.001)	− 0.008 *** (0.002)
性别 （男性 = 1）	− 0.003 (0.012)	− 0.005 (0.036)	0.046 *** (0.011)	0.162 *** (0.038)	0.009 (0.013)	0.024 (0.033)
民族 （汉族 = 1）	− 0.027 (0.019)	− 0.077 (0.061)	0.032 * (0.019)	0.108 * (0.061)	0.036 (0.022)	0.092 (0.056)
受教育年限	− 0.004 ** (0.002)	− 0.012 ** (0.005)	− 0.001 (0.002)	− 0.005 (0.005)	0.000 (0.002)	0.000 (0.005)
户籍类型 （城镇 = 1）	− 0.019 * (0.011)	− 0.059 * (0.035)	− 0.028 *** (0.011)	− 0.095 *** (0.036)	− 0.010 (0.013)	− 0.025 (0.033)
婚姻状况 （有配偶 = 1）	− 0.008 (0.015)	− 0.024 (0.044)	0.005 (0.013)	0.016 (0.047)	0.011 (0.016)	0.029 (0.042)
居住模式 （与家人住 = 1，独居 = 2， 在养老院生活 = 3）	− 0.073 *** (0.027)	− 0.217 *** (0.076)	− 0.014 (0.24)	− 0.051 (0.082)	− 0.005 (0.029)	− 0.012 (0.074)
退休前的职业 （技术管理类 = 1）	0.086 *** (0.019)	0.273 *** (0.062)	0.039 ** (0.017)	0.159 ** (0.066)	0.076 *** (0.022)	0.191 *** (0.056)
家庭人均收入对数	0.039 *** (0.005)	0.114 *** (0.013)	0.024 *** (0.004)	0.081 *** (0.013)	0.008 (0.005)	0.020 (0.012)
是否有房产（是 = 1）	− 0.041 *** (0.012)	− 0.125 *** (0.037)	0.011 (0.011)	0.038 (0.040)	− 0.028 ** (0.014)	− 0.072 ** (0.035)
是否有医保（有 = 1）	− 0.034 ** (0.015)	− 0.111 ** (0.048)	− 0.052 *** (0.013)	− 0.196 *** (0.052)	− 0.052 *** (0.017)	− 0.133 *** (0.044)
常数项	0.374 *** (0.079)	− 0.428 * (0.230)	0.450 *** (0.071)	− 0.158 (0.243)	0.607 *** (0.085)	0.273 (0.218)
样本量	6937	6937	6935	6935	6923	6923

注：＊、＊＊、＊＊＊分别代表在10%、5%、1%的统计水平下显著，括号内数值为标准误。
资料来源：根据 CLHLS 2018 数据测算。

三 进一步推进太极拳健康工程建设的对策建议

在评估太极拳健康工程的推广效果以及太极拳健康工程对于改善老年人健康状况的作用基础上，本报告提出进一步提升太极拳健康工程建设水平的相关对策建议。

第一，应加大太极拳健康工程的政策推广力度，进一步加强财政保障能力。在"体养"融合的视域下，要进一步在老年人群体中普及太极拳，体育、民政养老的主管部门应出台更具针对性的扶持政策。尤其是在面向老年人群体时，要着重强调平衡太极拳推广的公益性和营利性。具体而言，应当在财政保障方面给予更多支持，通过财政拨款和商业培训相结合的方式拓宽资金渠道，使更多的老年人群体能够享受到太极拳健康服务。同时，应当配套专项资金，主动引导太极拳融入养老公共服务，从而进一步放大太极拳对老年人日常生活的健康干预作用。

第二，应进一步夯实社区工作，通过积极组织相关活动推广太极拳知识、营造太极拳文化氛围。太极拳具有十分广泛的群众基础，但着眼于太极拳知识和技能传播的科学性、权威性和规范性，相关普及推广工作仍需进一步加强。基层社区是宣传和普及太极拳文化知识的适宜场所。一方面，社区的宣传栏、健身广场等场所为太极拳的普及提供了必要的硬性条件，而基层武术协会能够在此基础上实现太极拳课程、人才等软件配套。另一方面，由社区层面组织小规模、小范围的太极拳活动，更加符合老年人适宜进行属地锻炼的特点。特别是养老机构和健康服务机构能够与社区卫生服务中心、体质监测站等功能场景有机结合，加强"体养"融合宣传，引导社区老年居民形成良好的运动习惯。

第三，注重信息技术对太极拳传播和推广的作用，着力破解老年人群体所面临的"数字鸿沟"。太极拳拥有丰富的文化积淀，应当积极拥抱数字体育时代的新产品、新技术、新模式。例如，面对太极拳技术培训的标准化和规范化要求，可以制作权威培训视频和电子读物，将之作为运动和康养领域的公共物品向社会提供。具体而言，可由公共服务部门牵头建设太极拳健康服务平台，吸引太极拳健康服务的供给方入驻，面向社区或家庭提供O2O形式的太极拳服务。同时，平台管理方能够利用大数据技术建立太极拳运动处方数据库，以及通过平台直接发放健身和康养电子消费券等。

参考文献

陈爽、岳春林：《太极拳对不同锻炼水平老年女性动态平衡的影响》，《南京体育学院学报》2019 年第 8 期。

戴志鹏、马卫平：《人口老龄化背景下我国老年人体育的发展动向研究——基于全面推进居家养老服务的思考》，《南京体育学院学报》（社会科学版）2017 年第 1 期。

李慎明主编《世界太极拳发展报告（2019）》，社会科学文献出版社，2020。

李晓智、高亮：《健身气功干预对老年人血糖、血脂及其自评健康的影响》，《西安体育学院学报》2019 年第 1 期。

王占坤、彭艳芳：《农村老年人公共体育服务供需反思及优化研究》，《北京体育大学学报》2019 年第 6 期。

叶宋忠、仇军：《老龄化背景下养老产业与体育产业融合发展研究》，《西安体育学院学报》2019 年第 4 期。

Cockerham, W. C., "Health Lifestyle Theory and the Convergence of Agency and Structure," *Journal of Health and Social Behavior* 46（2005）.

Polkey, M. I., Qiu, Z. H., Zhou, L., et al., "Tai Chi and Pulmonary Rehabilitation Compared for Treatment-naive Patients with COPD：A Randomized Controlled Trial," *CHEST* 153（2018）.

Song, Q. H., Shen, G. Q., Xu, R. M., et al., "Effect of Tai Chi Exercise on the Physical and Mental Health of the Elder Patients Suffered from Anxiety Disorder," *International Journal of Physiology Pathophysiology & Pharmacology* 6（2014）.

B.7
中国武术段位制推广建设

时婧 刘聪 吴鲁梁*

摘　要： 武术段位制的推行是武术发展科学化、标准化、规范化的体现，了解其发展过程和当前的发展情况对于未来推广武术段位制，进而推动武术产业发展有一定的借鉴意义。本报告梳理了中国武术段位制的形成及其发展概况，分析了中国武术段位制在各地的推广情况，发现武术段位制标准化程度有待提高、在考核中武术技击属性有待进一步凸显、传播和宣传力度不够等问题。本报告建议加强武术段位制考试的标准化建设，提升考评公平性、公正性；调整武术段位制考核内容，体现武术核心内涵；加强武术段位制校园推广，提高武术段位制推广质量。

关键词： 中国武术　武术段位制　武术推广

　　武术段位制推广是武术产业的重要组成部分。根据 2018 年颁布的《中国武术段位制》（2018 修订本），"段位制是一种根据习武者个人从事武术活动的经历，掌握的武术技术和理论，研究成果和武德修养，以及对武术发展所做出的贡献，全面评价其武术水平等级的制度"。武术段位制的推行是

---

* 时婧，历史学博士，北京体育大学中国武术学院讲师，研究方向为中国思想史、武术文化、太极拳运动；刘聪，北京体育大学博士研究生，研究方向为民族传统体育学、武术段位制；吴鲁梁，体育学博士，曲阜师范大学体育科学学院讲师，研究方向为武术理论与实践。

武术发展科学化、标准化、规范化的体现，是作为古老技击方式的武术在当代发展演变的一大趋势。武术段位制兼具传统武术和竞技武术的特点，选取了中国各地流传广泛、技术特点突出、锻炼功能全面的拳种、器械，分三级九段，以段位等级的方式进行编排，既包含个人单练，又有两人对练，形成了一套较为完整的武术考试内容和评价标准的认证体系。武术拳种庞杂、深奥、不易掌握，武术段位制的探索是处理传统与现代、普遍性与特殊性、东方与西方等武术发展面临的诸多问题的一次尝试。从 1998 年启动以来，其技术标准、管理办法、考察内容在探索中不断完善，获得段位的人口已经形成一定的规模。《武术产业发展规划（2019—2025 年）》指出："大力推进武术段位制工作，进一步扩大县区覆盖率，到 2025 年，全国 40% 以上的县区均开展此项工作。"有鉴于此，了解其发展过程和当前的发展情况对于未来推广武术段位制，进而推动武术产业发展有一定的借鉴意义。

一 中国武术段位制的形成及其发展概况

中国武术段位制相关政策文件如表 1 所示。

表 1　中国武术段位制相关政策文件一览

发布年份	部门	政策文件
1997	国家体委	《关于下发〈中国武术段位制〉的通知》
1998	国家体委	《关于做好〈中国武术段位制〉实施工作的通知》
2007	中国武术协会	《〈中国武术段位制〉武术功法系列晋升段位暂行规定》
2011	国家体育总局武术运动管理中心	《关于加快武术段位制标准化管理体系建设的通知》
2011	中国武术协会	《中国武术段位制》(2011 修订版)
2011	中国武术协会	《〈中国武术段位制〉管理办法》
2011	中国武术协会	《中国武术段位制指导员管理办法》
2011	中国武术协会	《中国武术段位制考评员管理办法》
2011	国家体育总局武术研究院	"中国武术段位制系列教程"

续表

发布年份	部门	政策文件
2012	国家体育总局武术运动管理中心	《关于进一步推动武术段位制标准化发展的通知》
2012	国家体育总局武术运动管理中心	《中国武术协会武术段位制考试点的申报程序、职责和管理试行办法》
2013	国家体育总局武术运动管理中心、中国武术协会、国家体育总局武术研究院	《中国武术段位制手册》(增订版)
2016	国家体育总局武术运动管理中心	《武术段位制工作指导意见》
2016	国家体育总局武术运动管理中心	《中国武术发展五年规划(2016—2020年)》
2017	国家体育总局武术运动管理中心、中国武术协会	《中国武术段位(七段)考试指导手册》
2017	国家体育总局武术运动管理中心、中国武术协会	《武术散打段位晋级考评手册》
2018	国家体育总局、中华全国体育总会	《武术段位制推广十年规划(2014—2023)》
2018	中国武术协会	《关于加快推动武术散打段位考评工作的函》
2018	国家体育总局武术运动管理中心、中国武术协会、国家体育总局武术研究院	《中国武术段位制》(2018修订本)

资料来源：根据国家体育总局网站、中国知网、万方数据等相关资料整理得到。

1997年12月30日，国家体委办公厅发布《关于下发〈中国武术段位制〉的通知》，武术段位制开始实施。它的提出主要得益于庞大的民间武术爱好者的呼吁，相较于为专业运动员设置的《武术运动员技术等级标准》，武术段位制主要是为满足广大业余习武者证明自身武术水平的需求而设立的。[①] 同时，武术段位制作为一种武术水平认证体系，其认证标准包括从事武术锻炼和武术活动的年限、掌握武术技术和理论的水平、研究成果、武德修养，以及对武术发展做出的贡献，分为初段位一至三段，中段位四至六

---

① 王涛：《中国武术段位制》，《中华武术》1998年第5期，第2~4页。

段，高段位七至九段，共九个段位，实际上是一种兼顾业余习武者和专业武术练习者武术水平的评价标准。

在1998年第一次武术段位授予仪式中，张文广、何福生、蔡龙云3人被中国武术协会授予九段段位，26人被授予八段段位，82人被授予七段段位。① 体育标准化是体育项目发展的国际通行做法，该体系的出现也是出于武术发展与国际接轨的需要。

2011年是"武术标准化年"。国家体育总局武术运动管理中心发布了《关于加快武术段位制标准化管理体系建设的通知》，停止实施套段，转为以考为主、以评为辅的段位晋升方式。同年颁布了《中国武术段位制》（2011修订版），对段位等级、晋级和晋段标准、管理与考评、证书和徽章、服装、一至六段技术考试办法等进行了总体规定。同时颁布《〈中国武术段位制〉管理办法》《〈中国武术段位制〉技术考试办法（一至六段)》《中国武术段位制指导员管理办法》《中国武术段位制考评员管理办法》等具体实施细则，对相关内容予以详细规定和说明。国家体育总局武术研究院出版发行了"中国武术段位制系列教程"，全套教程总共27种，其中理论教材4种、技术教材23种。2012年发布的《关于进一步推动武术段位制标准化发展的通知》《中国武术协会武术段位制考试点的申报程序、职责和管理试行办法》进一步就相关推广和程序进行了规定，形成常规性"国考""省考""市县考"3个层次的段位制考试体系，强调将考试点设到习武者身边，在武校、武馆和武术之乡首先设立考试点，规范了设立考试点的流程和相关条件，设置年终检查和表彰奖励等。晋升方式的改变、段位制推广措施的实行极大地刺激了习武者的积极性，带来了晋升人数的迅速增加。仅2011年就培训段位制国家指导员766人次、考评员1158人次；在这些指导员、考评员的共同努力下，当年共有13086人通过考试获得段位晋升。2012年，进入段位制练习行列的人数呈几何倍数增长，共有112349人通过考试获得段位晋升，是过去12年平均数的11.3倍。2013年，武术段位制工作得到国

---

① 国家体委：《中国武术段位制》，《中华武术》1998年第5期，第5~6页。

务院时任副总理刘延东和国家体育总局时任局长刘鹏的高度重视，为期1个月的"全国百城武术段位制"活动启动。2013年，共有157562人考取了段位，与2012年相比增加了近五成。①

2014年，吉林、云南、河南、湖南、陕西、广西6个省区在本省区中小学校全面开展武术段位制教学活动。在全国武术之乡中选取贵州省清镇市、河北省沧州市、山东省菏泽市牡丹区、上海市虹口区、河南省登封市、江苏省徐州市、陕西省西安市莲湖区、浙江省平阳县、山西省太谷县、吉林省四平市10个单位作为开展武术段位制"六进"工作的试点单位。② 应用《中国武术段位制系列教程》解决武术教授内容的过程中需要设计合理的教学方案等问题。康戈武研究团队选择趣味武术、长拳、剑术、短棍4个项目的教程，设计了学校教学指导方案，在133所实验学校进行大规模试验，取得了一定的效果，是段位制进校园的一次有效尝试。③

2016年，国家体育总局武术运动管理中心发布了《武术段位制工作指导意见》，对通过多种方式推广武术段位制进行了政策支持。例如，各级武术管理部门可结合武术比赛组织段位制考试，通过比赛成绩授予段位。该政策在近几年段位制发展中应用广泛，尤其是在省市级比赛中。仅2019年就有北京、安阳、惠州、梅州、郑州、海阳等多个城市采用这种方式，比赛与段位制互相推进，提升了习武者的积极性，同时促进了段位制人口的扩大。2017年，国家体育总局武术运动管理中心、中国武术协会发布《中国武术段位（七段）考试指导手册》《武术散打段位晋级考评手册》，两手册填补了七段无考试方案、段位制无散打教程的空白。2018年，结合国家体育总局相关政策和近年来段位制发展情况，从便于广大习武者段位考取的角度出发中国武术协会等对《中国武术段位制》（2011修订版）进行了修订，武术段位制更加趋于完善。截至2019年，

① 《中心主任高小军：扎实推进武术段位制十年规划》，搜狐体育，2014年11月27日，https://sports.sohu.com/20141127/n406445949.shtml，最后访问日期：2021年6月12日。
② 《中心主任高小军：扎实推进武术段位制十年规划》，搜狐体育，2014年11月27日，https://sports.sohu.com/20141127/n406445949.shtml，最后访问日期：2021年6月12日。
③ 康戈武、洪浩、马剑、朱东、刘宇峰：《〈中国武术段位制系列教程〉的学校教学指导方案研究》，《武汉体育学院学报》2014年第10期，第62~69页。

国内具有武术段位的人数为 100 多万人。①

2018 年，国家体育总局、中华全国体育总会发布《武术段位制推广十年规划（2014—2023）》，提出："从 2014 年开始，经过 10 年的推广，大幅提高武术段位制的社会知晓率和参与率。在国内，武术段位制考试点进学校、进社区、进乡镇、进企业、进机关、进军营，覆盖到 85% 以上的县区。同时，逐步在国际武术联合会会员组织和孔子学院中建立起考试点。"在此之后，段位制"六进"工作逐步展开，取得了初步成果。武术段位制的设立本身具有对接国际标准的需要，其国际推广形式近年来逐渐多样。一种形式是国际武术赛事活动中特别增设段位制考试，方便境外选手获得武术段位。例如，2018 年，第三届中国·台州国际武术节暨海外人员中国武术段位制考试就是如此，来自菲律宾、西班牙、喀麦隆等国家和地区的选手参加了段位制考试。② 另一种形式是参加中国武术协会举办的国际段位制培训班。后者由于国外武术爱好者技术水平的限制及高段位人员的缺乏等原因，难以在海外建立固定的武术段位制考评点。③ 截至 2018 年底，国际上拥有武术段位的人数约 6000 人。④ 近年来，国际武术联合会（简称"国际武联"）着手建立国际武术段位制——以 1998 年中国武术段位制技术体系为基础来建立一套服务全球武术人口的规范性武术段位体系和技术等级评价标准。国际武联 1990 年刚成立时，只有 16 个会员协会，目前已拥有来自五大洲 142 个国家（地区）的会员协会。由国际武联建立和推广国际武术段位制，将会更有效地推动国际武术段位制的发展，促进段位制国际人口的增加。

---

① 陈羽啸：《实行了 21 年的全国武术段位制修改升级，将管办分离！》，"封面新闻"百家号，2019 年 3 月 6 日，https：//baijiahao. baidu. com/s？id＝1627259255156480536&wfr＝spider&for＝pc，最后访问日期：2021 年 7 月 1 日。

② 朱倩倩、张钰婕：《2018 第三届中国·台州国际武术节开幕》，浙江在线，2018 年 7 月 13 日，http：//zjtyol. zjol. com. cn/tyjsb/201807/t20180713 _7770719. shtml，最后访问日期：2021 年 6 月 27 日。

③ 段永斌、于昕：《中国武术段位制海外推广现状及对策研究》，2015 第十届全国体育科学大会论文摘要汇编（二），2015，第 1467 ~ 1469 页。

④ 孟涛、崔亚辉：《新中国武术 70 年发展历程解读及当代思考》，《首都体育学院学报》2019 年第 5 期，第 391 ~ 397 页。

二 中国武术段位制在各地的推广情况分析

各地武术段位制推广的情况大致可从三个方面进行分析：一是各地段位制建网布点情况；二是段位制人口数量和质量分布情况；三是段位制推广工作的开展情况。有的武术人口大省段位制考试点不一定比其他省份多，但是每个考试点的人数众多。因此，需要综合考虑，方能判断一个地区段位制的推广情况。

（一）各地段位制建网布点情况

1. 从管办结合到管办分离

建网布点主要指的是二级管理、三级办公、层层设点［参见《中国武术段位制手册》（增订版）］。建网布点涉及管理和推广两个方面。管理包括引导和监督职能，以促进段位制的良性发展。推广职能更加趋向于如何扩充段位制人口，推动相关项目的长足发展。关于管理和推广，段位制工作采取的基本原则是从中央到地方都建立相应的管理和办事机构，纵向结合、横向协作。中国武术协会段位制工作委员会负责全国的段位制管理工作，一级单位会员段位制工作委员会负责本辖区（地域性协会）或本单位（专业性协会）的段位制管理工作。这是段位制的二级管理体制。三级办公则是在中国武术协会段位制工作委员会下设三级办公室，依次是中国武术协会段位制办公室、一级单位会员段位制办公室（简称"一级段位办"）、一级单位会员下设的段位制办公室（即二级段位办公室，简称"二级段位办"）。各级段位办在各地区、院校、武术教学单位等建立段位制考试点，这些考试点受各级段位办的领导，其应积极主动地开展段位制培训与考试工作。

2018年颁布的《中国武术段位制》（2018修订本）改变了2013年提出的段位制工作委员会作为管理机构、段位办公室组织段位考评的模糊做法，提出了管办分离的改革方向。中国武术协会成为武术段位制管理和考评最高机构，下设段位制办公室，负责具体管理事务。《中国武术段位制》（2018修订本）第九条强调"中国武术协会授权的一、二级段位制办公室不得直接组织或变相组织区域性的段位考评"。省级武术主管部门成立的一级段位制办公室主要负责一级段位制考试点的审核上报、二级段位制考试点的审批和管理、一级考评员的培训和资格认定等工作；二级段位制办公室主要负责二级段位制考试点的审核、二级考评员的培训和资格认定等工作，不再自己组织考试，而是变成各级考试的管理和审批机构。相较于 2013 年的"纵向结合、横向协作"，2018 年修订本更加明晰了管理者和举办者的职责分工，各司其职，不再是既承担管理职能，又负责执行，在制度上更加科学合理。

2. 段位办的全国分布状况

一级和二级段位办的分布在一定程度上反映了各地武术段位制管理的基本特点。截至 2020 年，我国共有全国性段位办 1 个（中国武术协会段位制办公室）、一级段位办 42 个（见图 1）、二级段位办 165 个①（见图 2）。一级段位办河南省最多，共有 4 个，分别是河南大学、河南省武术运动管理中心、郑州大学体育学院、黄河科技学院。其次是河北省，共 3 个，分别是河北省武术协会、河北师范大学、河北体育学院。拥有 2 个一级段位办的省市除了湖南省拥有湖南省武术协会和湖南省太极拳运动协会两家协会外，其他拥有的均是省级武术协会和当地各类体育院校、综合性大学。可见一级段位办主要来自各省级武术协会，其次是当地各类体育院校、综合性大学。大多省区市拥有 1 个一级段位办且一般为各省级武术协会。各省级武术协会是区域性武术组织，面向本辖区习武者，推动包含竞技武术和群众武术在内的各类武术事业发展，在各区域段位制推广中起着至关重要的引领作用。各类体育院校和综合性大学是优秀武术运动员学习、就业，培养新的武术专项学生的重要机构，武术专业发展得较好的体育院校和综合性大学对当地武术段位制的推广也具有一定的影响力。二级段位办主要是省级武术协会下设的市级武术协会，其中广东省数量最多，包括 19 个市级武术协会，其次是安徽省（16 个）、辽宁省（14 个）、江苏省（13 个）、广西壮族自治区（11 个）、河北省（11 个）和浙江省（11 个）。

---

① 北京、海南、黑龙江、吉林、内蒙古、青海、山东、天津 8 个省区市的二级段位办数据缺失，未纳入统计。

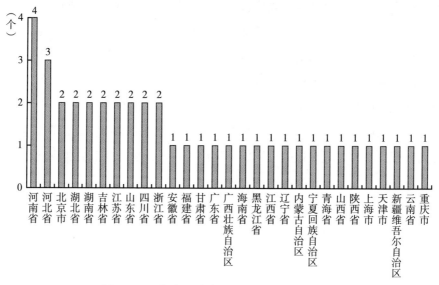

图1　2020年中国武术段位制一级段位办数量

资料来源：根据中国武术协会段位制官方网站数据统计整理。

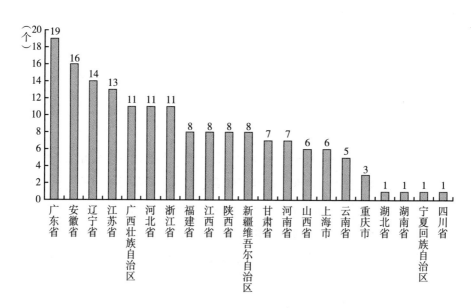

图2　2020年中国武术段位制二级段位办数量

资料来源：根据中国武术协会段位制官方网站数据统计整理。

这既受各区域市级机构数量差异的影响，也与武术的发展在各省区市是否均衡有一定的关系。

3.考试点的全国分布状况

考试点分为"国考"、"省考"和"市县考"。根据 2013 年印发的《中国武术段位制手册》（增订版），中国武术协会面向全国习武者的武术段位制考试简称"国考"，可组织武术九段（含）以下的考试；一级段位办组织的面向全省区市的武术段位制考试简称"省考"，可组织武术六段（含）以下的考试；二级、三级段位办组织的面向本地区的武术段位制考试简称"市县考"，可组织武术三段（含）以下的考试。就此规定而言，"国考"同样可以组织低段、中段和高段考试，和"省考""市县考"有一定的交叉。《中国武术段位制》（2018 修订本）规定了高段位考评由中国武术协会组织，一级考试点各省区市可申报 3~5 个，由中国武术协会段位制办公室批准、授权。二级考试点可成立若干，由一级段位办审批，报中国武术协会段位制办公室备案。同时高段位考试点只负责晋升高段位人员的申报，一级考试点负责中段位人员的考试和成绩认定，二级考试点负责初段位人员的考试和成绩认定。各级考试点的任务不再交叉重合。相较而言，考评分布更加科学合理。

目前全国武术段位制一级考试点共有 54 个①（见图 3），由一级段位办组织。各省区市的武术发展情况有差别，考试点分别设在各省级武术协会、体育院校和综合性大学、省级单项武术组织等处，数量也各有差异。例如，河南省分别在河南省武术协会、河南大学、郑州大学体育学院、黄河科技学院武术协会段位制工作办公室设立一级考试点，江苏省一级考试点设立在无锡市太湖西大道 1500 号、南京农业大学、徐州市、苏州大学，上海市一级考试点设在上海精武体育总会、上海中华武术会、上海市老年人体育协会武术委员会，这些考试点的设置和武术推广的人口重点分布、人员类型重点分布等均有关系，以方便更多各类水平的习武者考段，推动段位制人口数量的增加。二级考试点数量多，分布广泛，据不完全统计，截至 2020 年 12 月，

---

① 辽宁省、陕西省、天津市、云南省数据缺失，未纳入统计。

全国二级考试点有 680 个，考试点数量排前五位的分别是湖南省、浙江省、四川省、广东省和北京市（见图 4）。

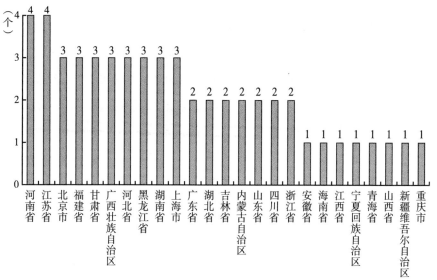

图 3　中国武术段位制一级考试点数量

资料来源：根据中国武术协会段位制官方网站数据统计整理。

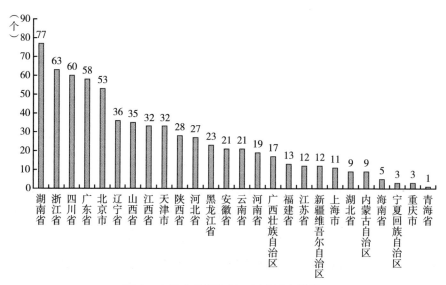

图 4　中国武术段位制二级考试点数量

资料来源：根据中国武术协会段位制官方网站数据统计整理。

（二）段位制人口数量和质量分布情况

截至 2013 年 8 月，全国参加武术健身的人口总数已有 7000 多万人，国内获得段位的人数有 25 万多人，此外 69 个国家和地区的 3409 名海外人士获得了中国武术段位。[①] 到 2019 年，中国拥有武术段位的人数为 100 多万人。[②] 这一方面表明近年来段位制人口扩张取得了长足的进步，另一方面表明段位制人口在整个武术人口中所占比重仍然较低。

上述这种现象在地方段位制人口扩张中也较为常见。武术人口大市徐州 2019 年武术健身人口超过百万人，全市拥有武术段位的总人数仅有 6101 人，且其占全省拥有武术段位的总人数的 42%，其中，拥有高段位的人员有 47 人，占全省拥有高段位人数的 67%[③]，表明徐州市段位制推广在整个江苏省属于较靠前的行列，但是段位制人口占全市武术人口的比重仍然较低，仅有 0.6% 左右。这种现象与段位制推广工作本身有一定的关系。部分地区段位制推广得好，参与考评的人数占武术总人口的比重相对较高。例如，广东省鹤山市练习咏春拳的中小学生有 6 万多人，2019 年鹤山市共有 12960 名中小学生参与了咏春拳段位考评，创集体武术段位考评人数高峰。[④] 云南省文山州武术协会推广力度很大，2011 年当地武术人口仅有 4000 多人，2018 年发展到 20 多万人，其中获得段位的人数有 12000 余人，[⑤] 占文山州武术人口的 6% 左右。

就段位制人数的分布来说，随着晋段条件的不断严格，段位越高，人数

---

① 梁璇、张潇：《坚持"入奥"让武术变"简单"》，《中国青年报》2013 年 8 月 7 日，第 4 版。

② 陈羽啸：《实行了 21 年的全国武术段位制修改升级，将管办分离！》，"封面新闻"百家号，2019 年 3 月 6 日，https://baijiahao.baidu.com/s? id = 1627259255156480536&wfr = spider&for = pc，最后访问日期：2021 年 7 月 1 日。

③ 《全市参与武术健身人口超百万，徐州市武术协会举行第七届代表大会》，新浪网，2021 年 3 月 28 日，http://k.sina.com.cn/article_ 5559864694_ 14b64cd7600100v8ua.html，最后访问日期：2021 年 7 月 1 日。

④ 《鹤山咏春拳汇演暨段位考评场面震撼！万名学生参与》，半月谈网，2019 年 11 月 20 日，http://www.banyuetan.org/wh/detail/20191120/10002000331360315742323744422272144_ 1.html，最后访问日期：2021 年 7 月 1 日。

⑤ 《究竟是谁把边地武术打造得风生水起？》，搜狐网，2018 年 7 月 31 日，https://www.sohu.com/a/244522510_ 175761，最后访问日期：2021 年 7 月 1 日。

相应越少。武术最高段位是九段，截至2018年，全国获得九段的人数仅71人（见图5），年均获段人数3.38人。套段和考段时期人数存在差异，不同年份获得段位的人数也存在差异。从七段来看，2011年实行段位制考试，2013年设立中国武术段位制国家考试（即"国考"），"国考"前后七段人数有明显的差异。到2014年第二次"国考"，段位制人数达到顶峰，共有305人获得七段。2016年以后，中国武术段位制"国考"制度趋于完善，由中国武术协会主办，资格审查更加严格，七段人数出现明显下降。2016年，全国参加"国考"的有51人，通过了36人；2017年，全国参加"国考"的有62人，通过了48人；2018年，全国参加"国考"的有32人，通过了30人（见图6）。

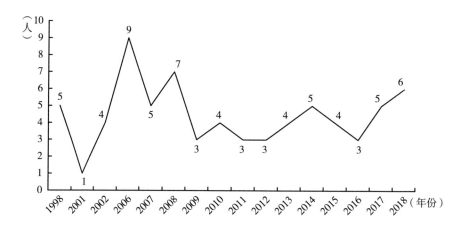

图5 不同年份晋升中国武术九段人数

资料来源：根据中国武术协会段位制官方文件和相关报道整理所得。

目前段位制在全国推广的主体是各武术健身点的中老年人，其次是武校、各武术培训机构和开展武术活动的高等院校、中小学。一项对石家庄市获段人员的职业调查显示：石家庄市2012年和2013年两年获段人数为3344人，人群职业分布主要集中在学生和离退休人员，学生共有1867人（占55.83%），离退休人员共有1173人（占35.08%），其他职业者仅为304人（占9.09%）。[①]

---

① 朱永飞：《石家庄市武术段位制开展现状与对策研究》，硕士学位论文，河北师范大学，2014。

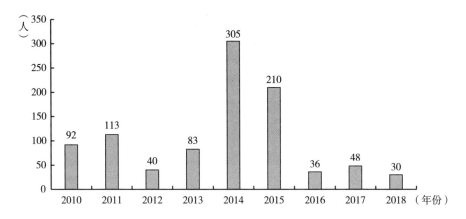

图6　2010～2018年晋升中国武术七段人数

资料来源：根据中国武术协会段位制官方文件和相关报道整理所得。

这种分布概率与我国全民健身人口分布具有一定的相似性。对于学生而言，全社会对他们身体健康的关注度较高，离退休人员自身有闲暇时间，对自己的身体健康较为关注，因此这两部分人群成为武术健身的主力，而在职工作者工作、家庭事务繁忙，身体状况相对稳定，因此在健身中投入的时间、精力有限。

（三）段位制推广工作的开展情况

1. 武术段位制进校园

武术段位制的设置符合青少年身心成长发育规律、认知规律、接受能力，同时，练习武术能带来一定的民族认同感。根据年龄或学龄不同设置了不同的段位，通过武术兴趣小组、学生社团、武术俱乐部等形式开展"武术进校园"的活动，有助于学生强健体魄、锻炼意志，同时打通高水平运动员选拔通道，为学生未来的升学、就业提供多样化的渠道。因此武术段位制进校园是段位制推广的重要内容。

湖北省一项对中小学生武术段位制教学的实证研究显示：武术段位制教学实验前后，学生对武术的兴趣发生了很大的变化，实验前47.4%的小学生和40.7%的中学生对相关教学内容不感兴趣。经过一学期的武术段位制教学学习后，86%的小学生和82%的中学生对教学内容感兴趣，80%以上

的中小学生对武术段位制有了进一步认识，78%的小学生和82%的中学生认为武术既是防身自卫的技击术，也是应当传承和弘扬的优秀传统文化。①可见通过一定形式的武术段位制推广，能够引发学生对武术和传统文化的兴趣，有效扩大武术人口规模，增强民族自信心和文化认同感。

目前段位制进校园的形式主要有建立武术段位制试点学校、实行武术段位制教程进课堂、对段位制报考者进行集中培训、举办校园武术段位制比赛等。湖南省近年来在校园武术段位制推广工作中取得了一定的成绩。湖北省体育局、省教育厅将校园武术比赛作为赛事品牌进行全力打造，成立校园武术段位制推广领导小组，联合下发《关于开展校园武术段位制试点工作的通知（实施方案）》，联合命名近400所校园武术段位制试点学校。从2016年开始已成功举办三届湖南省校园武术比赛，习武学生有80多万人。②鹤山市是全国首个武术（咏春拳操）进校园全覆盖的县级市。咏春拳操已经在全市中小学普及，12所学校成为五邑侨乡武术特色学校，40所学校成为鹤山武术进校园"定点学校"，61所中小学将咏春拳操纳入课程体系，练习学生超过8万人，超过1.4万人取得段位。③

武术段位制进校园涉及体育和教育两个领域，武术段位制课程可以作为体育课程进入日常体育必修教学内容，同时它符合武术运动管理部门推动的段位制推广计划，可以作为体教融合的范式进行推广。同时拳种流派在各地流传情况不同，形成自身特色文化，不同省份结合自身文化、当地的武术资源，主推某些拳种，能在此过程中塑造自身的地域武术文化，具有多重功效。但是，有部分省份的武术段位制推广工作滞后，进高等院校、中小学比重较低，这与当地领导不够重视、专业教师缺少等有关系，在未来有待进一步提升。

---

① 梅博威、袁露露：《湖北武汉市中小学武术段位制教学的实证研究》，《湖北体育科技》2019年第3期，第266~270页。

② 《湖南省第四届校园武术比赛吸引八十多万学生习武》，腾讯·大湘网，2019年12月1日，https：//hn.qq.com/a/20191201/012669.htm，最后访问日期：2021年7月5日。

③ 黄心豪、陈泽芳：《广东武术进校园树标杆》，《中国体育报》2021年4月14日，第2版。

2. 段位制专业人才培训

武术段位制推广涉及的人群既有目标群体，也包含管理人员、教练员、考评员等，相关专业队伍的建设也是武术段位制可持续推广必不可少的组成部分。

2019 年，国家体育总局武术运动管理中心、中国武术协会曾在成都主办全国武术段位制办公室管理人员培训班，旨在贯彻落实《武术段位制推广十年规划（2014—2023）》，提高武术段位制办公室管理人员的工作水平和管理能力，推动段位制综合网络管理系统和 App 智能信息平台的广泛应用，来自全国各地的 220 余名段位制办公室管理人员参加了此次培训，在培训中强调了段位制修改中管办分离的趋势，引起了各方关注。同年，国家体育总局武术运动管理中心、中国武术协会在浙江萧山主办了两期全国武术套路段位国家级考评员培训与认证班，参加国家级段位考评员培训与认证班培训的对象须取得中国武术高段位七段及以上，来自全国各省区市体育院校的 130 名武术高段位精英参加了这次培训和认证班；在湖北武当山举办了两期全国散打段位国家级考评员培训与认证班，全国各省区市武术协会和体育院校中 246 人参加了培训。以上培训对实行新的段位制条例和推广段位制起到了重要的作用。

2020 年疫情对段位制培训和考核产生了一定的影响，湖南省在疫情防控的前提下，顺利开展了武术中段位"省考"，通过增加网络教学、视频实战模拟评分、居家复习和场地个人技术考试，实现了多层面、全方位的培训学习，做到了线上与线下两条线同驱并进，保证"省考"活动安全平稳进行。参加中段位培训考试的有学员 735 人、考评员 90 人，此次"省考"规模大、质量高，体现出湖南省段位制工作的大好局面和积极进取的态势。

三　武术段位制推广建设存在的问题及对策建议

（一）武术段位制推广建设存在的问题

1. 武术段位制标准化程度有待提高

不同考评形式的规范性存在较大差异，全国武术段位制考试较为正规，

而各省区市的武术段位制考试在形式上差异较大，规范性有待提升；相同段位者之间存在技术水平高低的差异，获得一定段位的最低标准和最高标准之间没有明确的界限，一些没有系列教程的拳种考评内容由考评委员会临时确定，无法做到标准统一，公信力有待提升；仅有抱拳礼，在礼仪规范描述与运用方面的标准化水平较低；在短时间、多人考试的情况下，在竞赛的场上人数、场地的布置、裁判员的人数安排方面没有明确规定，如何实现公正、公平选拔和考核有待进一步研究；对于考段人员的服装、器材、护具等没有明确说明，参加考试的选手所穿服装的样式、服装厂家不统一，器械的质量、长短、轻重等不统一，有违考试的公平原则。

2. 武术段位制在考核中武术技击属性有待进一步凸显

武术的核心属性是技击，目前武术段位制考评中将武术套路、散打分开，只会其中一种就能考段，同时缺少功法考试，造成武术套路脱离实战，强化身体的功能被削弱，失去武术"练打结合"[①]的特点，无法全面评价习武者的武术水平。

3. 武术段位制的传播和宣传力度不大

武术段位制目前存在社会认可度、知名度较低的问题。部分地区高校和经济发达区域对武术等级评定较为重视，但很多区域对武术段位制的重视程度不高，对段位制推行的重要性认识不足，在管理体系和评定机构建设等方面还有一定的欠缺。部分地区主要依赖各社区武术协会和武术业余培训机构，推广形式有待多样化。价值取向不同、含金量不足、师资不足、激发学生兴趣的教学方法缺乏、可复制的教学体系没有形成等也是制约武术段位制推广的重要因素。

（二）武术段位制推广建设的对策建议

1. 加强武术段位制考试的标准化建设，提升考评公平性、公正性

一是制定有效的测试标准，满足短时间内公平、公正地考核众多选手的

---

① 高景昱、徐亮、刘永生：《武术段位制技术考评内容的思考——基于突出武术"练打结合"的视角》，《武术研究》2019年第10期，第65~68页。

目标。二是鼓励和吸纳相关专家、学者、武术人士参与标准制定工作，并由武术管理部门制定和颁布更为详细精确的段位制实践标准，量化段位制管理体系、推广体系和考核体系。三是在中国武术协会专业委员会之下成立武术服装、器材行业标准协会，与政府、协会、学校、运动队、个体商业用户等各类主体共同制定与改进各种武术用品的标准和规格。对武术段位制考试和训练指定统一的武术器材和服装，并由获得体育用品认证的部门生产，加强武术段位制考试的标准化建设。

2. 调整武术段位制考核内容，体现武术核心内涵

一是增加武术套路段位制和散打段位制中的功法考核内容。二是组织专家、学者、运动员等共同研讨武术段位制"练打结合"的可行性和考核标准。本报告建议在现有基础上分别增加套路段位制中的实打考察（实打形式可套用武术短兵、散打的形式）和散打段位制中的拳种流派演练考察，在此基础上逐步过渡到"练打合一"。

3. 加强武术段位制校园推广，提高段位制推广质量

一是推动各级地方政府积极响应国家层面关于"武术进校园"及"武术段位制"的政策，并结合各自实际情况制订措施计划，推动各省份各学校统一思想、深化认识，全面开展相关工作。设立校园武术奖励机制，对宣传力度大、开展人数多、开展效果好的学校予以一定的资金激励。二是加强师资队伍建设，提升教学质量。加强武术师资队伍建设，优先招聘、引进武术专业教师。同时注重发挥武术专业教师的作用，带领其他体育科任教师学习武术知识、强化武术技能。支持校企合作，为"武术进校园"可持续发展提供资金和后勤保障。适时适地搭建以武术为主体的体育后备人才基地和业余体校，以满足体育事业发展的需要。三是拓展推广形式，通过将武术纳入体育课、课间操、课外兴趣班，以组织校武术队、武术比赛及武术表演等方式，拓展武术在校园的推广面；支持各学校积极组队参与国家级、省级、市级武术比赛，以比赛促进武术普及；通过举办武术段位培训考试推进"武术进校园"。四是改善武术教学环境。本报告建议省级财政部门和教育部门综合考量，为重视开展校园武术教学的学校提供更多器材、场地、经费以及人员培训等方面的支持。

参考文献

胡成武：《中国武术标准化的内涵及其实践路径研究》，《武术研究》2020 年第 7 期。

贾岩：《武术段位制执行现状的分析》，《中华武术》2021 年第 6 期。

杨赛男：《武术段位制发展所面临的问题与实践探索》，《武术研究》2020 年第 5 期。

张和平：《武术段位制与学校体育结合研究》，《武术研究》2020 年第 3 期。

案 例 篇

Cases

B.8

昆仑决的产业发展模式及其反思

卞 景　马天平　牛 磊　童胜玢*

摘　要：　昆仑决是国内顶级的搏击赛事品牌，并形成了以赛事为核心的产业体系。本报告以昆仑决为案例进行深入分析，对了解武术搏击产业的发展现状，探索符合武术发展规律的产业化路径，提升武术的国际影响力具有一定的借鉴意义。本报告系统梳理了昆仑决的赛事体系，对赛事推广和产业化路径进行了重点分析，认为昆仑决以赛事为核心构建了全方位的搏击产业平台，形成了较强的品牌影响力，助推了中国搏击事业和中国搏击产业的全面发展。在现阶段的发展中，昆仑决还存在赛事过于暴力、过度娱乐、缺乏文化内涵等问题，因

---

* 卞景，哲学博士，北京体育大学中国武术学院讲师，研究方向为中国古代哲学、武术历史、武术产业；马天平，管理学博士，北京体育大学体育商学院副教授，研究方向为国民经济与金融市场、体育经济与管理；牛磊，哲学博士，北京体育大学中国武术学院讲师，研究方向为中国思想史、武侠文学、武术产业；童胜玢，北京体育大学博士研究生，华中科技大学体育学院讲师，研究方向为民族传统体育、武术产业。

此本报告建议昆仑决未来走国际化高端路线，积极打造品牌文化，提升管理水平和增设不同级别的比赛。

关键词：　昆仑决　武术　自由搏击　赛事运营

极限格斗又称自由搏击，没有固定的招式，在实战中可以自由发挥，灵活施展拳、脚、肘、膝和摔跌等攻防技术，以最终击倒或战胜对手为目的，因实用性和观赏性强而颇受人们的喜爱。国内格斗赛事起步发展较晚，近几年来随着政策及市场的引导，在群众基础、运动员培养及赛事规范等方面有了明显进步，并涌现出一大批优秀赛事品牌，其中代表国内顶级赛事的"昆仑决"在国际上有很高的地位，对武术赛事的发展有着十分重要的借鉴意义。

一　昆仑决发展现状

（一）昆仑决介绍

昆仑决，全称"昆仑决世界极限格斗系列赛"，通常指"昆仑决自由搏击冠军赛"与"昆仑决综合格斗冠军赛"的合称，赛事成立于 2013 年，由昆尚传媒发起，IDG、洪泰基金、晨兴资本、真格基金、动域资本、北极光创投等知名投资机构参与，是国内顶级的自由搏击赛事。昆仑决运用品牌的力量，融合大量资本，利用商业营销，成功地打造了中国首屈一指的格斗平台，扩大了中国武术产业规模。

昆仑决赛事分为自由搏击和综合格斗两大类型，自由搏击赛事是指"昆仑决自由搏击冠军赛"，在江苏卫视首播；综合格斗赛事是指"昆仑决综合格斗冠军赛"，在 CCTV - 5 首播。同时昆仑决旗下还包括面向广大搏击爱好者的业余格斗赛事——城市英雄俱乐部联赛。

1. 昆仑决自由搏击冠军赛

昆仑决自由搏击冠军赛，即 Kunlun Fight Kickboxing，赛事通过自由搏击规则下的年度世界冠军赛来筛选冠军，采用锦标赛的赛制。其中70公斤级主打项目"诸神之战"，是在全球邀请超过60位70公斤级世界顶尖自由搏击选手参赛，经过一年的激烈比拼决出总冠军，是世界上含金量最高的搏击赛事。

昆仑决自由搏击冠军赛对外统一推广沿用原主赛名称，如昆仑决56–三亚站。在赛制上，依然采用年度锦标赛的形式，每个年度将在部分级别进行冠军赛，参赛选手通过层层晋级与淘汰，最终胜出者成为该级别的当年年度冠军。冠军将获得由赛事方提供的丰厚奖金，同时还将获得年度冠军金腰带，该金腰带为选手永久持有，不进行卫冕。

2. 昆仑决综合格斗冠军赛

昆仑决综合格斗冠军赛，即 Kunlun Fight MMA，综合格斗（MMA）赛事是昆仑决基于自由搏击赛事开发出来的新项目，其前身是"昆仑决笼斗之夜"，比赛采用综合格斗的规则，可以使用踢打摔拿、拳腿肘膝、反关节技等各种格斗技法。

昆仑决综合格斗冠军赛采用职业格斗赛制：每个级别只有一个冠军，冠军由赛事方安排选手比赛进行争夺。任何级别的选手要想成为新的冠军，必须战胜现役冠军。冠军挑战权由赛事方确认。每个级别只有一条金腰带，冠军头衔不分年度。

3. 城市英雄

城市英雄，即"城市英雄俱乐部联赛"，是由昆仑决官方授权、各地方俱乐部承办的地面赛事，参赛选手来自国内各大武校和搏击俱乐部。城市英雄将通过周赛、月赛、季度赛、年终赛等赛程决出周冠军、月冠军、季冠军和年度总冠军。每场赛事都会在互联网上进行直播，吸引搏击爱好者前来点播和互动，再通过社交媒体进行广泛传播。城市英雄已经有深圳赛区、石家庄赛区、宿迁赛区、太原赛区、成都赛区等赛区。

（二）昆仑决赛事推广

昆仑决曾先后在青海卫视、江苏卫视进行首播，还通过欧洲体育频道、法国电视台等海外媒体播出。在新媒体方面，西瓜视频网络独家播出2019年昆仑决世界格斗冠军赛、昆仑决格斗俱乐部职业联赛，昆仑决江苏卫视周播节目也将同步更新于西瓜视频。

昆仑决提倡自由搏击运动，创建了不同级别的年度冠军赛，最有影响力的当数70公斤级年度赛事（即"诸神之战"），赛事在全球范围内筛选出多名世界各国顶级自由搏击运动员，通过淘汰与晋级的形式，最终决出年度世界冠军，并获得由昆仑决赛事方提供的巨额奖金。通过"诸神之战"，昆仑决成功成为世界顶级搏击赛事，许多运动员也脱颖而出，如祖耶夫（2014年度70公斤级冠军）、西提猜（2015年度70公斤级冠军）、苏波邦（2016年度70公斤级冠军）、马拉特·格里戈里安（2017年度70公斤级冠军）、戴维特·奇利亚（2018年度70公斤级冠军）。同时，昆仑决布局综合格斗运动的推广运营，昆仑决首场MMA赛事于2015年1月18日在江苏南京举行，赛事使用圆形铁笼作为竞技场地，采用国际主流MMA规则，开创"昆仑决笼斗之夜"系列赛事。

昆仑决促进了自由搏击行业在中国的高速发展，国内组织的40多项赛事给昆仑决赛事方带来了巨额的经济收益。昆仑决利用品牌加盟的方式，努力创办搏击健身业务，以至于全国的健身房纷纷引进昆仑决的搏击内容并开设搏击健身课程。到2019年底，昆仑决拥有3000家搏击健身类加盟俱乐部，让搏击健身成为继马拉松之后的又一全民运动时尚。

昆仑决的商业经营涉及面十分广阔，包括赛事的运营、直播、广告投放、节目制作等众多领域。昆仑决以互联网思维改造传统体育赛事，所推出的移动应用App"昆仑决"致力于打通搏击的线上与线下资源，而且已经整合2万家国内搏击健身俱乐部的信息。2016年9月，昆仑决建成并启用1.5万平方米的北京昆仑决世界搏击中心，这是全球最大的专业搏击运动馆。

2019～2020年，受疫情影响，昆仑决的赛事有所减少，但依旧举办了不少商业比赛。2019 年 2 月 24 日，昆仑决世界格斗冠军赛 80 在上海崇明体育馆震撼打响。① 2019 年 3 月 23～24 日，昆仑决俱乐部举办联赛，联赛第一轮南区第二场比赛由贵州汉台梦对战温州允成，第三场比赛由深圳盛力人对战龙岩星火。2019 年 7 月 27 日，昆仑决 75 公斤级世界格斗冠军赛在北京昆仑决世界搏击中心举行，共有 8 名选手进行角逐，一晚决出总冠军。② 2019 年 9 月 13～15 日昆仑决 82、83、84 "赤水之战"系列赛在贵州省赤水市体育场连战三天。2019 年 12 月 25 日，昆仑决 88 义乌精英赛在浙江义乌落下帷幕，在本次赛事上，张扬弟子刘子源夺得昆仑决首条未来之星冠军赛金腰带。③

2020 年 1 月 17～19 日，昆仑决青少年搏击联赛－济南站开赛，50 余支战队 200 余名小选手在济南昆仑决青少赛的擂台上奋勇拼搏。2020 年 7 月 17 日，都安文体广场举办了昆仑决城市英雄 & 壮瑶勇士武术搏击邀请赛。④ 2020 年 8 月 10～11 日，昆仑决格斗俱乐部职业联赛（KCPL）在安徽铜陵北斗星城《昆仑决·决胜密码》赛秀馆空场举行。2020 年 8 月 24～25 日，昆仑决格斗俱乐部职业联赛第一轮比赛 C 组、D 组循环赛在安徽铜陵北斗星城举行。⑤ 2020 年 9 月 12～13 日，昆仑决城市英雄 & 壮瑶勇士金腰带搏击大赛－贵阳云岩万达站比赛在贵州省贵阳市云岩万达广场

---

① 《昆仑决 80 诸神之王诞生！空手道大师奇利亚登顶诸神金腰带！》，搜狐网，2019 年 2 月 25 日，https：//m.sohu.com/a/297335613_ 541858/，最后访问日期：2021 年 5 月 2 日。
② 《2019 年 7 月 27 日昆仑决 75Kg 决赛 杀玉狼 vs 维塔利（Vitaly Gurkov）》，武享吧，2019 年 7 月 28 日，https：//www.hula8.net/article/38790.htm，最后访问日期：2021 年 7 月 3 日。
③ 《昆仑决 88 义乌精英赛：刘子源夺未来之星首冠》，"新华社"百家号，2019 年 12 月 25 日，https：//baijiahao.baidu.com/s？id＝1653904066808018007&wfr＝spider&for＝pc，最后访问日期：2020 年 5 月 18 日。
④ 《赛事开战：昆仑决 & 壮瑶勇士武术搏击邀请赛 7 月 17 日举行》，网易号，2020 年 7 月 19 日，https：//www.163.com/dy/article/FHSH4GDK05299GPA.html，最后访问日期：2020 年 11 月 12 日。
⑤ 《罗超 65 秒 KO 对手再现恐怖实力！深圳队、温州队大获全胜！》网易号，2020 年 8 月 27 日，https：//www.163.com/dy/article/FL1Q4CFU05299GPA.html，最后访问日期：2021 年 3 月 2 日；《邓立 12 秒 KO 惊艳全场！散打猛将惨遭 19 秒 KO！》，武者网，2020 年 8 月 26 日，http：//www.swuzhe.com/zhanli/kunlunjue/10940.html，最后访问日期：2021 年 3 月 2 日。

举办。2020年9月30日，昆仑决格斗俱乐部职业联赛第三轮比赛和首期"昆仑决中国跤"挑战赛在安徽铜陵北斗星城举办。2020年10月6～8日，丹寨万达小镇举行了昆仑决城市英雄的比赛，此次是为期3天的金腰带争夺赛。① 2020年10月27～28日，昆仑决格斗俱乐部职业联赛晋级赛在安徽铜陵北斗星城举行了四分之一决赛。2020年12月26日，昆仑决城市英雄深圳自由搏击邀请赛暨2020年终总决赛，在深圳市龙华区宝能科技园香江家居首层举行。②

（三）昆仑决带动搏击产业发展

中国的搏击产业发展历程可以划分为四个重要的阶段。第一个阶段是2000年开始举办的"散打王"比赛，开了国内搏击职业赛事的先河。第二个阶段是2004年由河南卫视播出的《武林风》，它是具有标志性的搏击节目，技击水平很高，社会影响较大。第三个阶段是2015年由青海卫视首播的《英雄传说职业赛事》，与国际搏击行业接轨，选拔全世界知名的拳手参赛，举办了许多高端的国际化赛事。第四个阶段是2015年固定由江苏卫视播出的《昆仑决自由搏击冠军赛》，它将资本运营、互联网平台和比赛结合起来，取得了很大的成功，成为国内搏击行业的"领头羊"，在国际搏击赛事上有着很大的影响力。在此之前，围绕"格斗市场发展的最大障碍"的问题曾做过一个调查，答案就是三个字"缺环节"，整个格斗产业链没有连起来。昆仑决用移动互联网解决了这个问题，把所有环节串联了起来，实现了从A到Z的资源整合。昆仑决的创始人姜华既熟悉搏击，又熟悉资本市场，并且拥有优秀的体育产业营销团队。昆仑决的成功不是偶然，它将会继续创造历史。

进入21世纪之后，我国武术散打赛事快速发展起来，也走向了国际搏

---

① 《昆仑决城市英雄再战丹寨，决赛之夜巅峰对决，2条金腰带完美收官》，网易号，2020年10月13日，https://www.163.com/dy/article/FOPOGQ1F05299GPA.html，最后访问日期：2021年1月23日。

② 《昆仑决城市英雄再战深圳，彝族悍将遭遇强力挑战!》，腾讯网，2021年1月2日，https://xw.qq.com/cmsid/20201225A01MS600，最后访问日期：2021年6月5日。

击的舞台，比赛非常频繁，有着多种多样的形式，并逐渐向职业赛事转型。2015 年，习近平总书记视察武警"猎鹰突击队"时，提到了当下中国几个知名的职业搏击赛事节目，包括《武林风》、《昆仑决》和《中国真功夫》，充分肯定了搏击运动的重要价值。① 2018 年 12 月，国务院办公厅印发了《关于加快发展体育竞赛表演产业的指导意见》（简称《意见》），提出要"积极推进体育竞赛表演产业专业化、品牌化、融合化发展，培育壮大市场主体，加快产业转型升级"②。这对于搏击行业而言，无疑是一个重大的好消息。《意见》提出，"建设若干具有较大影响力的体育赛事城市和体育竞赛表演产业集聚区，推出 100 项具有较大知名度的体育精品赛事，打造 100个具有自主知识产权的体育竞赛表演品牌"③。而搏击有着天然的表演娱乐性，适合结合文旅打造产业集聚区，同时搏击在娱乐传播性和产业衍生上也有优势，相对来说更容易打造出知名度高的精品赛事和拥有自主知识产权的品牌，《意见》提出的这些目标与搏击的匹配度较高。

以昆仑决为例，2013 年昆仑决横空出世，其一直致力于打造世界级搏击平台，促进中华武术搏击与全球搏击的竞技和文化交流，是首个登上世界舞台的中国自有品牌搏击赛事，目前在 80 多个国家拥有输出版权。作为中国搏击行业的"领头羊"，2018 年昆仑决重拳出击，在"体育＋地产""体育＋旅游"等方面都进行了诸多尝试，9 月 22 日由昆仑决与铜陵市委、市政府及安徽江南文旅集团联袂打造的大型赛事项目《昆仑决·决胜密码》在铜陵揭幕，每年将有 300 天在铜陵市北斗星城一个占地数万平方米的"休闲＋观赛＋训练"的场地上演搏击驻场赛，它是一项集"商、体、文、

---

① 《拳赛之都响应高层号召　助力中国搏击产业发展》，新浪网，2015 年 7 月 28 日，http：//sports. sina. com. cn/others/boxing/2015 – 07 – 28/doc – ifxfikka1611213. shtml，最后访问日期：2021 年 1 月 12 日。

② 《国务院办公厅关于加快发展体育竞赛表演产业的指导意见》，中国政府网，2018 年 12 月21 日，http：//www. gov. cn/zhengce/content/2018 – 12/21/content_ 5350734. htm，最后访问日期：2020 年 12 月 2 日。

③ 《国务院办公厅关于加快发展体育竞赛表演产业的指导意见》，中国政府网，2018 年 12 月21 日，http：//www. gov. cn/zhengce/content/2018 – 12/21/content_ 5350734. htm，最后访问日期：2020 年 12 月 2 日。

旅、宣"五位于一体的综合项目和新业态产品。《昆仑决·决胜密码》自揭幕以来，直接带动了安徽铜陵及周边的旅游、交通、餐饮、广告等行业的发展。

《意见》提出，大力发展职业赛事。这与昆仑决打造的"昆仑决格斗俱乐部职业联赛"不谋而合。作为中国首个自由搏击俱乐部联赛，昆仑决格斗俱乐部职业联赛一经公开招募就吸引了 16 支来自国内顶尖城市俱乐部的战队参赛，自 2018 年 8 月揭幕以来，经过 5 个多月的实践与探索，已经逐步形成了较为完善的赛事体系。在国家政策的扶持之下，昆仑决可以抓住机遇，大力发展搏击产业，完善赛事体系，引领国内搏击行业向前发展。

众所周知，多年来，我国的体育主要对田径、游泳、各种球类运动等受大众欢迎度高的产业项目有较大的扶持力度，而对其他一些项目的支持度相对较低，其中就包括搏击行业。不过，随着近几年搏击行业的发展，搏击爱好者也越来越多，其中迎风而上打造较为成功的品牌之一就是昆仑决了。昆仑决作为中国顶级格斗赛事，多年来一直为拳迷朋友们所关注和喜爱。成长不易，如今昆仑决及整个格斗行业都将迎来新机遇、新发展。搏击作为新兴的武术职业赛事，未来有希望建立具有独立法人资格的职业联赛理事会，即法律意义上的国家一级社会团体。这就意味着它具有相当大的独立性，也拥有组织和管理职业联赛的权力，能有效助力搏击产业的有序发展。而昆仑决作为中国搏击职业赛事的"领头羊"，随着国家政策扶持力度的加大，其未来发展的空间也将越来越大。

二 昆仑决存在的问题

昆仑决将传统格斗与现代娱乐相结合，迎合了人们享受娱乐、追求刺激的心理，收视率很高，将中国格斗赛事推向了国际舞台。但是，商业化是一把"双刃剑"，昆仑决在带动搏击市场发展的同时，也存在下列问题。

（一）过于暴力

原始的擂台比赛充满了血腥与暴力，利用激烈的打斗、血腥的场面吸引观众的眼球，制造紧张刺激的气氛，使观众以此为乐。时至今日，搏击运动不仅要充分发扬格斗技艺，还要体现文明的进程，不能显得过于暴力和野蛮。昆仑决的赛事展现了格斗的高超技艺，但并没有把武术的文化内涵充分地体现出来，缺少对传统文化的吸收和宣传，忽视精神文化的建设。激烈的比赛给观众带来了感官上的刺激，却宣扬了一种暴力文化，武术中的仁德、侠义、谦让等精神没有被发扬出来，年轻人不能从中获得正面的教育，如果他们盲目模仿赛场上的格斗，变得争强好胜，喜好打斗，将会带来不良的影响，不利于社会的和谐稳定。昆仑决赛事如果过于追求暴力，则会丢失很多优良的武术精神，反而会影响它的进一步发展。

（二）过度娱乐

昆仑决赛事的大量转播带来了过度娱乐的弊端，把暴力与血腥的打斗以娱乐性的节目形式播出，掩饰了很多不健康的成分。昆仑决将中国搏击与国际接轨，吸收了国外搏击比赛的很多成功经验，但是不能照搬它们搏击场上简单粗暴的娱乐方式，这同有着深厚传统文化底蕴的武术相比，就显得过于粗犷暴力。搏击比赛虽然具有娱乐属性，但要把握好娱乐的方式和尺度，既要突出运动员顽强拼搏的体育精神和精湛的格斗技术，也要体现中国文化的精神风貌，改变技击对抗的单一形式，将搏击技术和传统文化融合起来。

（三）缺乏文化内涵

搏击运动依靠单纯的"暴力美学"只能在短期受益，难以获得长久的发展。昆仑决在《散打王中王争霸赛》《武林风》等一系列搏击节目的基础上不断发展壮大，吸引了众多的搏击迷，收视率很高，取得了巨大的成功。但是，目前昆仑决比赛仍在模仿国外"美女＋野兽"的展现模式，缺乏中

国文化元素，没有中国特色，昆仑决能否在市场上长期火爆下去，还难以预料。赛事节目仍需要转变观念，深度开发搏击的文化内涵，将艺术元素融入其中，使整个赛事更具观赏性，只有展现武术的技击之术和形体之美，才能取得可持续性的发展。

三　昆仑决未来发展策略

（一）邀请顶级运动员参赛，走国际化高端路线

选手的技术水平决定了赛事质量，只有邀请众多高水平的拳手参赛，才能打造一项具有良好口碑的赛事。随着国内多种武术节目的播出，观众的欣赏水平也逐渐提高，仅靠包装出来的明星已经难以满足观众的需求，邀请实力强劲的顶级运动员参赛才是根本之道。昆仑决在开播的第一年就举办了一些国际级别的赛事，邀请播求、穆塞、克劳斯、戴维特、科恩等众多世界顶尖拳手参赛，表明昆仑决不仅要打造中国搏击品牌，而且要打造世界级搏击品牌。昆仑决在世界各地展开巡回比赛，让各国搏击爱好者领略其风采，目标是要打造一个国际职业搏击比赛平台。邀请国外高水平的拳手前来参加昆仑决赛事，与我国搏击选手进行比赛、切磋，不仅有利于提升赛事质量和赛事观赏性，同时也有利于提高国内搏击运动员的竞技水平。在未来的发展中，昆仑决要注重挑选世界各地实力强劲的搏击运动员参赛，提升赛事规格，走国际化的高端路线，扩大世界品牌影响力。

（二）积极打造品牌文化

昆仑决要努力打造健康向上的品牌文化，给观众留下较佳的印象，产生良好的社会影响，提高品牌知名度，这有利于赛事的可持续发展。目前昆仑决赛事通过顽强勇猛的对抗将格斗的威猛和刚劲生动地展现出来，产生了强烈的视觉刺激，营造了尚武、拼搏、时尚的品牌形象。昆仑决还需要进一步深度挖掘搏击赛事的文化内涵，结合中国传统文化，吸收中国武术中的仁

爱、侠义、刚毅、勇武等精神，并从观众的需求出发，积极打造其搏击赛事独特的品牌文化，通过提升文化的认同感引发观众共鸣，提高社会认可度和品牌知名度，创造更大的经济效益和社会效益，扩大国际影响力，逐步形成国际知名的文化品牌。

（三）提升管理水平，吸纳资本涌入

武术搏击是中国一项历史悠久的运动，但是一直缺乏资本市场的支持和运作，致使多种赛事发展缓慢。到了现代，竞技体育逐渐市场化，搏击赛事也要融入资本市场才能获得大发展。昆仑决依靠高超的营销策略，赢得了国内外投资人的认可，成功获得巨额融资，为赛事的正常运作提供了可靠的经济保障。但是以目前的水平来看，中国的武术搏击项目与国际一流赛事相比，仍然有很大的差距。昆仑决在未来发展道路上，只有加大吸纳各方资本的力度，依仗雄厚的财力来运作，才能不断做大做强，在世界拳坛上占有一席之地。另外，昆仑决还要通过多种渠道寻求合作伙伴，吸纳更多有识之士加入团队，提升管理水平和运营能力，不断壮大搏击产业市场。

（四）增设不同级别的比赛

目前，"昆仑决世界极限格斗系列赛"有四种不同级别的赛事，即"昆仑决世界大奖赛""昆仑决中外对抗赛""昆仑决极限超级战""昆仑决极限新人王"，可以让不同级别的选手各尽所能、各展风采，同时也满足了观众的各种审美口味。昆仑决可以继续打开思路，创办其他类型的赛事，增设不同级别的比赛，以吸引各路选手参赛，将赛事办得更为丰富多彩。只有增加精彩节目，昆仑决才能最大限度地吸引广大观众，提高收视率和转播率，扩大社会影响力，获得更多的经济效益。

总之，我国的格斗赛事仍然处于不断探索的发展过程中。未来几年，搏击行业的国际合作空间将不断加大，依托政策支持，外国选手来华参加比赛将会更为便捷，享受到的各项服务也会更为实惠。搏击行业正在从完全粗放生长阶段过渡到政府资源主导阶段，而昆仑决作为中国搏击行业的"领头

羊"，有望带动中国搏击产业的发展。虽然现阶段昆仑决赛事还存在诸多问题，但它的出现是中国搏击赛事的一个重大革新，对国内搏击赛事的发展有着重大的借鉴意义，也必将推动武术产业的蓬勃发展。

参考文献

金羽西：《"昆仑决"营销策略对创新传统体育赛事市场化的启示》，《山东体育科技》2015 年第 2 期。

申耀红：《中国武术搏击赛事品牌发展分析》，硕士学位论文，山东体育学院，2017。

宋兹鹏：《昆仑决：用体育精神构建搏击产业生态闭环》，《中国商界》2020 年第 5 期。

广东佛山鸿胜馆的文化传承与现代转型

张永宏　张含亮　李文博*

摘　要： 佛山鸿胜馆拥有约170年的历史，在岭南蔡李佛拳传承发展过程中发挥了重要作用，产生了深远影响。1998年佛山鸿胜馆复馆以来，其在传习蔡李佛拳、举办赛事展演活动、联络海内外鸿胜弟子、传承与保护非物质文化遗产、建设红色文化等方面，做出了重要成就。随着历史变化与社会发展，佛山鸿胜馆在传承保护的前提下，秉持尚武精神、崇尚公义、弘扬爱国主义，注重传承保护、积极培育新人、推广传统武术，坚持改革创新、与时偕行、适应社会变化，积累了丰富的经验，对于传统武术的现代转型富有启发意义。

关键词： 佛山鸿胜馆　蔡李佛拳　武术进校园　武术产业

一　佛山鸿胜馆历史沿革

佛山鸿胜馆，又称"佛山鸿胜纪念馆""佛山蔡李佛鸿胜祖馆"，位于广东省佛山市禅城区福宁路祥安街 15 号，其是佛山蔡李佛拳的重要发源地之一。

* 张永宏，哲学博士，北京体育大学中国武术学院讲师，研究方向为中国传统文化、中国武术产业、太极拳研究与推广等；张含亮，体育学硕士，天水师范学院体育运动与健康学院讲师，研究方向为民族传统体育学、武术文化、通备武学；李文博，北京体育大学博士研究生，中国地质大学（北京）体育部助教，研究方向为武术文化、武术技术与理论。温州大学叶梦颖对本报告亦有贡献。感谢佛山鸿胜馆馆长黄镇江先生接受采访并提供相关材料。

广东地处岭南，连通大陆与南洋，自古以来就是兵家必争之地，民间习武之风盛行，武术文化底蕴深厚。明末清初，广东五大名拳（洪拳、刘拳、蔡拳、李拳、莫拳）逐渐形成并发展，流行于岭南各地。与此同时，随着经贸往来、移民活动、军政纷争与文化交流，外省拳种传入粤地，如福建咏春拳、南枝拳，河南少林拳，四川侠拳，山东昆仑拳等纷纷在广东各地扎根。① 清中叶以后，各拳种之间互相融通，又衍生了不同风格的拳系流派。清宣宗道光二十九年（1849 年），新会县京梅乡人陈享综合蔡拳、李拳和佛拳三家之长，创立蔡李佛拳，开馆授徒。随着拳馆的壮大，陈享派遣弟子前往广东各地开设分馆。族弟陈典桓跟随陈享学拳，陈享派他来到佛山，开设蔡李佛拳分馆。清文宗咸丰元年（1851 年），因陈典桓患目疾，陈享派遣及门弟子张炎来到佛山，接替陈典桓，掌管佛山片区蔡李佛拳馆务。张炎字鸿胜，新会县东凌村人，很早就跟随陈享习武。来到佛山后，张炎将馆名改作"鸿胜"，遂成为佛山鸿胜馆的创始人。开馆后不久，张炎随同陈享参加太平天国运动，担任武术教练。清穆宗同治三年（1864 年）太平天国运动失败，张炎与陈享暂住香港避难。三年后（1867 年），张炎回到佛山，重开鸿胜馆，继续传习蔡李佛拳。

佛山地处珠江三角洲腹地，唐宋时期手工业、商业文化已经非常繁荣，尤以冶铁、铸造、陶瓷为盛。明清时期，得益于中外经贸往来，佛山成为商贾云集、工商业发达的岭南重镇，当时有"佛山之冶遍天下"的美誉，是中国南方的冶炼中心。清末民初，佛山得风气之先，又成为中国近代民族工业的发源地之一。在冷兵器时代，商业鼎盛往往需要武力保障，故而催生了繁荣的武术文化。元明之际，佛山武术已经相当普及。明清时期，佛山城乡各地武馆林立，民间习武之风盛行，武术人口众多，培养了很多武术高手，成为南派武术的主要发源地。今天在世界上广为流传的蔡李佛拳、洪拳、咏春拳均根系于佛山，武术大师黄飞鸿，咏春拳宗师梁赞、叶问，影视武打明星李小龙的祖籍或师承均在佛山。2004 年，佛山被中国武术协会授予"武

---

① 曾昭胜等编著《广东武术史》，广东人民出版社，1989，第40页。

术之城"称号，成为全国首个（也是目前唯一一个）"武术之城"。

佛山鸿胜馆创始人张炎在佛山活动时，正值清末民初，在抗击帝国主义、反对封建主义方面，佛山鸿胜馆蔡李佛门人做出了重要贡献。张炎亲传弟子陈盛于光绪年间继任鸿胜馆掌门，将武馆迁至衙旁街 15 号。宣统三年（1911 年），早就加入同盟会的张炎弟子李苏，亲率 100 多人攻打千总衙门和分府，宣告佛山光复。民国 10 年（1921 年）前后，佛山鸿胜馆发展达到顶峰，在掌门陈盛的带领下，以鸿胜祖馆为核心，开设太上庙、黄巷、莺岗、山紫、莲花、大桥头等 20 多家分馆，会员有 3000 多人。①

20 世纪 20 年代初，鸿胜三传弟子钱维方参加工人运动。1925 年春，钱维方当选为佛山工人代表大会执委会主席，下属有 103 个工会 3.5 万余名会员，有力地推动了大革命运动。钱维方是陈盛亲传弟子，1926 年陈盛病逝后，钱维方接掌馆务，致力于佛山工农运动。1927 年"四一二"反革命政变之后，鸿胜馆被迫停止活动。1937 年，鸿胜馆门人创建鸿胜体育会，开设"大刀队"教练班，组建防护团，积极抗日。1938 年佛山沦陷，鸿胜体育会解散。抗战期间，以吴勤为代表的鸿胜馆弟子参加抗日，接受中国共产党的领导，成立抗日义勇队（后改编为广州市区游击第二支队，吴勤任支队司令），予以日寇猛烈攻击。抗战胜利后，1947 年 11 月，鸿胜体育会再度成立，其时多有国民党军政人员入会。1949 年 10 月 15 日，佛山解放，鸿胜体育会再度解散。

早在张炎避难香港期间，他就在香港传授蔡李佛拳。清末民初，佛山鸿胜馆弟子热衷于革命，常年往来于粤港南洋一带，将蔡李佛拳传至东南亚。大革命失败之后，陈盛门下多名弟子遭受迫害，远走海外，设馆授徒，为蔡李佛拳在海外的传播与发展奠定了基础。20 世纪 90 年代初，中国香港、东南亚的鸿胜蔡李佛拳弟子多次回到佛山寻根问祖，得到了政府部门的高度重视。1998 年 3 月，佛山鸿胜馆复馆。经上级部门拨款，修复原鸿胜馆太上庙分馆，建立"佛山鸿胜纪念馆"。

---

① 曾昭胜等编著《广东武术史》，广东人民出版社，1989，第 69 页。

二 佛山鸿胜馆的发展与成就

自 1998 年佛山鸿胜馆复馆以来，其在传习蔡李佛拳、举办赛事展演活动、联络海内外鸿胜弟子、传承与保护非物质文化遗产、建设红色文化等方面，做出了重要成就。

1. 武术进校园，推广普及蔡李佛拳

佛山鸿胜馆从创馆之初就重视蔡李佛拳的推广普及。创始人张炎先生立下"三不教"（官吏不教、土豪恶霸不教、流氓地痞不教）原则，奠定了鸿胜馆的传习底色和教学传统。事实上，新中国成立之前，佛山鸿胜馆的传人大多来自穷苦阶层的工人、农民、小商贩，为鸿胜馆门人参与革命活动做出了重要贡献。新中国成立后很长时间内，鸿胜馆门人从事各行各业，积极参与社会主义建设，业余时间则义务教学，推广普及蔡李佛拳。从 1999 年开始，在有关部门的支持和联络下，佛山鸿胜馆开始了"武术进校园"的义务教拳活动。最早开始在佛山市第五小学试点教拳，随后逐渐发展到在深村小学、第四中学、佛山科学技术学院、南海技师学院、白燕小学等 19 所大中小学中教拳（见表 1）。2016 年，佛山市禅城区文化体育局批准佛山鸿胜馆为"佛山市禅城区青少年传统武术（蔡李佛拳）训练基地"。同年，佛山市体育局、教育局授予佛山鸿胜馆"佛山武术进校园示范单位"荣誉称号。

表 1　佛山鸿胜馆义务教习蔡李佛拳学校一览

序号	学校名称	开始年份	截止年份	备注
1	第五小学	1999	2016	学校搬迁
2	桃李园餐旅学校	2002	至今	中专
3	深村小学	2003	至今	
4	第四中学	2004	至今	
5	佛山科学技术学院	2005	至今	本科
6	南海实验中学	2006	至今	

续表

序号	学校名称	开始年份	截止年份	备注
7	汾江中学	2006	至今	
8	华英中学	2007	至今	
9	南海技师学院	2008	至今	大专
10	白燕小学	2010	至今	
11	第十三小学	2010	2014	校领导更换,不再支持
12	第二十七小学	2010	2018	校区迁移,旧区合入第九小学
13	城南小学	2012	至今	
14	铁军小学	2012	至今	
15	第十中学	2014	至今	直招武术特长生
16	第六小学	2015	至今	
17	同济小学	2016	至今	
18	建设小学	2017	至今	
19	第九小学分校	2018	至今	原第二十七小学校区

资料来源:佛山鸿胜馆馆长黄镇江先生口述。

　　上述学校的武术师资由佛山鸿胜馆派遣,在2013年国家体育总局武术运动管理中心印发《关于加强"武术六进"工作的指导意见》之前,全部属于公益性教学。该意见印发以后,个别合作学校提供部分经费支持,以课时费的形式发放给拳师。教学内容主要是蔡李佛拳术与传统狮艺。对于中小学而言,大多以课间操、提升课的形式安排课时;对于大专、本科院校而言,则以体育选修课的形式开展教学活动。经过10多年的推广普及,据不完全统计,练习过蔡李佛拳的学生人数有2万余人。①

　　除了通过"武术进校园"活动开展蔡李佛拳的教习与传播之外,佛山鸿胜馆还开设周末兴趣班与假期培训班,收取较低廉的培训费用,主要面向中小学生,传习蔡李佛拳。培训场所一般在鸿胜馆内,如果人数较多,则在馆旁的塔坡公园小广场开展教学活动。所收培训费用主要用于水电费、资料印刷等开支,拳师仍然属于义务教拳。

---

① 佛山蔡李佛鸿胜馆编《宗师张公鸿胜(一百九十周年宝诞纪念特刊)》,内部资料,2014。

佛山鸿胜馆的武术师傅大多有正常工作，他们利用时间业余时间义务教拳。个别武术师傅已经退休，全身心投入蔡李佛拳的推广普及事业。也有年青一代鸿胜派下的蔡李佛门人募集资金，面向社会开办武馆，传承武术。佛山鸿胜馆根据各人的实际情况，安排师资前往各所学校开展蔡李佛拳教学工作。

积极的教育政策对于传统武术的开展具有重要的促进作用。目前而言，对于在各项武术赛事活动中取得优异成绩的小学生，佛山市第十中学以体育特招的形式直接准予入学，这对于蔡李佛拳在佛山的传承发展具有重要意义。蔡李佛拳属于传统武术项目，与国家规定套路、散打等竞技类武术项目相比，仍然处于弱势。家长们支持孩子学习传统蔡李佛拳，更多的是基于一种情怀。然而从佛山市整体武术培训环境来看，学习竞技类武术项目的人数占大多数。亟须有关部门出台相关政策，对传统武术项目予以保护和支持。

2. 以赛促训，举办蔡李佛功夫佛山锦标赛

随着蔡李佛拳在佛山大中小学的推广普及，练习蔡李佛拳术的武术人口逐年增长。为了检验蔡李佛拳练习者的训练效果，促进蔡李佛拳的技术提高与文化交流，增进海内外蔡李佛拳社团组织，尤其是鸿胜传人的友谊与情感，营造佛山"武术之城"的文化氛围，助力全民健身开展与健康中国建设，从2016年开始，在佛山市禅城区体育部门的支持下，佛山鸿胜馆联袂海内外鸿胜馆门人和社会各界热心人士，连续举办五届蔡李佛功夫佛山锦标赛（见表2）。

表2 历届蔡李佛功夫佛山锦标赛一览

届份	年份	参赛国家和地区（个）	代表队数（个）	参与人数（人）	项目数（个）
第一届	2016	11[a]	59	724	1[b]
第二届	2017	6[c]	46	455	3[d]
第三届	2018	4[e]	36	356	2[f]
第四届	2019	1[g]	33	402	2[h]
第五届	2020	2[i]	49	726	1[j]

注：a. 中国内地、中国香港、中国澳门、越南、马来西亚、澳大利亚、巴西、智利、哥伦比亚、委内瑞拉、美国；b. 套路，细分为各个年龄段的个人、集体拳术与器械小项；c. 中国内地、中国香港、中国澳门、马来西亚、美国、玻利维亚；d. 套路、搏击、传统南狮；e. 中国内地、中国香港、中国澳门、美国；f. 套路、搏击；g. 中国内地；h. 套路、搏击；i. 中国内地、中国香港；j. 套路。

资料来源：历届蔡李佛功夫佛山锦标赛《秩序册》。

　　经分析可知，首届蔡李佛功夫佛山锦标赛的参赛国家和地区达到11个，可能与2016年举办佛山鸿胜馆成立165周年庆典活动暨世界蔡李佛同门恳亲祭祖大会有关。在此之前，每一次世界蔡李佛同门恳亲祭祖大会期间（2001年、2006年、2011年）都会举行盛大的世界蔡李佛功夫武术交流表演大会。事实上，2016年赛事活动的名称原来是"首届国际（佛山）蔡李佛功夫赛"，从办赛思路来看，依然是此前武术交流表演大会的风格。从第二届开始，名称逐渐固定为"蔡李佛功夫佛山锦标赛"，参赛代表队也逐渐固定为中国内地以及港澳蔡李佛社团组织（见表3）。

表3　历届蔡李佛功夫佛山锦标赛组织单位一览

历届组织单位	
第一届	
主办单位	佛山市体育局、佛山市禅城区文化体育局
承办单位	佛山市禅城区博物馆、佛山鸿胜馆、佛山市禅城区鸿佛功夫文化培训中心
协办单位	蔡李佛功夫国际联会、香港蔡李佛北胜总会、佛山市非物质文化遗产保护中心、佛山市武术协会、佛山市禅城区武术协会
支持单位	追甘素源、广东卫视淘宝商城、广东石湾酒厂集团、佛山市禅城区体育彩票中心
第二届	
指导单位	佛山市体育局
主办单位	佛山市禅城区文化体育局
承办单位	佛山市禅城区博物馆、佛山市禅城区体育联合会、佛山市鸿胜蔡李佛拳协会、佛山市禅城区鸿佛功夫文化培训中心
协办单位	佛山鸿胜馆、广东省武术协会蔡李佛拳总会、佛山市武术协会、佛山市禅城区武术协会、佛山市非物质文化遗产保护中心、佛山市禅城区非物质文化遗产保护中心、佛山市龙狮运动协会、佛山市禅城区龙狮龙舟运动协会、香港蔡李佛北胜总会、蔡李佛功夫美洲联会、香港搏击联盟、功夫文化网
支持单位	佛山市禅城区体育彩票中心
第三届	
主办单位	佛山市体育局、佛山市禅城区文化体育局
承办单位	佛山市禅城区博物馆、佛山市禅城区体育联合会、佛山市鸿胜蔡李佛拳协会、佛山市禅城区鸿佛功夫文化培训中心
协办单位	佛山市青年联合会、佛山鸿胜馆、广东省武术协会蔡李佛拳总会、佛山市武术协会、佛山市禅城区武术协会、佛山市非物质文化遗产保护中心、佛山市禅城区非物质文化遗产保护中心、香港搏击联盟、花生体坛
支持单位	佛山市禅城区体育彩票中心

历届组织单位	
第四届	
主办单位	佛山市文化广电旅游体育局、佛山市禅城区文化广电旅游体育局
承办单位	佛山市禅城区博物馆、佛山市禅城区体育联合会、佛山市鸿胜蔡李佛拳协会、佛山市禅城区鸿佛功夫文化培训中心
协办单位	佛山市青年联合会、佛山鸿胜馆、广东省武术协会蔡李佛拳总会、佛山市武术协会、佛山市禅城区武术协会、佛山市非物质文化遗产保护中心、佛山市禅城区非物质文化遗产保护中心、花生体坛
支持单位	佛山市禅城区体育彩票中心
第五届	
主办单位	佛山市体育局、佛山市禅城区文化广电旅游体育局
承办单位	佛山市禅城区博物馆、佛山市禅城区体育联合会、佛山市鸿胜蔡李佛拳协会、佛山市禅城区鸿佛功夫文化培训中心
协办单位	佛山市青年联合会、佛山鸿胜馆、广东省武术协会蔡李佛拳总会、佛山市武术协会、佛山市禅城区武术协会、佛山市非物质文化遗产保护中心、佛山市禅城区非物质文化遗产保护中心、佛山市青年摄影协会
支持单位	佛山市体育彩票中心、佛山市禅城区体育彩票中心

资料来源：历届蔡李佛功夫佛山锦标赛《秩序册》。

从组织举办活动的参与单位来看，蔡李佛功夫佛山锦标赛基本属于政府体育部门指导与支持下的公益性体育赛事活动。从活动资金来看，除了第一届尝试吸收社会资本参与赛事之外，第二届到第五届赛事的活动资金均由体育部门彩票中心提供，更加突出了赛事活动的公益性质。与此同时，从第二届开始，蔡李佛功夫佛山锦标赛被纳入更为庞大的每年一度的"佛山功夫嘉年华"系列活动之中，成为佛山市着力建设"武术之城"、弘扬佛山武术文化的市政文化建设项目的内容之一。由于佛山蔡李佛拳是广东省省级非物质文化遗产，故而每次活动均有市级、区级非物质文化遗产保护中心参与其中。总体上说，蔡李佛功夫佛山锦标赛的社会效益、文化价值要远远大于其经济效益。

3. 加强文化建设，弘扬蔡李佛拳武术文化

佛山是南派武术的重要发源地，特别在近现代中国史上，它以武术文化彰显中国人自强不息、挑战自我、厚德载物、心系家国的情怀，抗击外辱，

振奋民族精神，绽放光彩。佛山鸿胜馆自创立以来，历代蔡李佛门人均心存正义、热爱家国、以武报国、弘扬道义，在太平天国运动、辛亥革命、大革命运动、抗日战争、解放战争等历史洪流中，涌现出张炎、陈盛、李苏、钱维方、梁桂华、吴勤等英雄武士，为鸿胜馆的历史奠定了勇武、悲壮、慷慨的文化基础。时至今日，新一代鸿胜馆传人不忘先辈英雄事迹，秉承鸿胜尚武精神，热心社会公益事业，积极参与地方社会文化建设。

自 2009 年以来，每年清明节，佛山鸿胜馆都组织武术训练基地的学生们前往吴勤烈士陵园扫墓，缅怀鸿胜蔡李佛门人革命英烈锄强扶弱、保家卫国的光辉事迹，教育年青一代蔡李佛传人刻苦努力、奋斗拼搏、报效社会、不负英烈。① 从 2013 年开始，佛山鸿胜馆在收集佛山鸿胜馆历史事迹与文物资料的基础上，拍摄制作爱国主义题材的纪录片，承接省、市、区各地教育部门的社会教育任务，向前来参观的学生讲解佛山鸿胜馆蔡李佛门人参加革命、为国奉献的英雄事迹，进行鲜活深入的爱国主义教育。2014 年，佛山鸿胜馆被评为"佛山市禅城区爱国主义教育基地"。2020 年，共青团佛山市委员会、佛山市学生联合会将佛山鸿胜馆设为"佛山市学生联合会社会实践基地"。同年 11 月 8 日，广东省首家"功夫禁毒示范武馆"落户于佛山蔡李佛鸿胜馆，佛山鸿胜馆成为全省"以武禁毒"的示范标兵。

蔡李佛拳技术体系庞大、套路繁多、内容丰富、动作舒展大方、拳路气势磅礴，彰显了中华尚武精神与岭南历史文化。随着蔡李佛拳术的推广普及，其逐渐与岭南民俗文化高度融合，尤其是鸿胜馆的舞狮，早在民国时期就声名远扬，屡屡在佛山、广州、香港等地举办的南狮大赛中获得佳绩，广为人民喜爱，积累了深厚的群众基础，参与塑造了岭南民众的族群心理与地域文化。新中国成立后，各级政府高度重视民众喜闻乐见的武术、醒狮表演所具有的体育教育意义与民俗价值，举办各种演武大会，在此过程中，鸿胜馆输送了狮王梁明、鼓王陈锦等武术艺术家，为南拳与舞狮文化的传承做出了突出贡献。1999 年，

---

① 《清明时节祭英烈，青松滴翠寄深情》，佛山鸿胜馆网站，2019 年 4 月 17 日，http://www.hongshengguan.com/Item/275.aspx，最后访问日期：2021 年 4 月 23 日。

佛山鸿胜馆代表广东省参加国庆 50 周年庆典，接受党和国家领导人的检阅，表演了独特的狮形步法，受到了充分的肯定。与此同时，随着近现代的海外移民活动发展，鸿胜蔡李佛拳与舞狮文化被传播到世界各地，传人遍布五大洲的 40 多个国家，至今仍然在世界华人圈中产生重要影响。[1] 2008 年，经广东省新会区蔡李佛传人申报，蔡李佛拳获批列入第二批国家级非物质文化遗产名录。佛山市也非常重视非物质文化遗产的保护工作，于 2009 年审批通过鸿胜馆将蔡李佛拳申报为市级非物质文化遗产。经过佛山鸿胜馆同人的不懈努力，2012 年"蔡李佛拳"（佛山市）又被广东省人民政府列入省级非物质文化遗产名录扩展项目名录。

佛山鸿胜馆蔡李佛拳重要传承人如表 4 所示。

表 4　佛山鸿胜馆蔡李佛拳重要传承人一览

	重要传承人	备注
远祖	李友山、陈享、青草和尚	陈享为蔡李佛拳创始人
第一代	张炎（宗师）	张炎为佛山鸿胜馆创始人
第二代	陈盛、陈棉、李恩、李苏、雷灿、黄宽、黄四、阮系、阮懈、谭立、谭力、张李文、张孔操、张让、张三炳、张香池、张钟万、张钟叶等	陈盛主持鸿胜馆务多年
第三代	车木泉、陈大苏、陈林、陈妹、陈绵、陈雄志、陈艺林、崔章、胡云绰、黄昌、黄乐、黄力、黄啸侠、何汉永、何义（仪）、何永、霍康、金鱼灯、孔德光、李昌、李广海、李旺、梁桂华、刘彬、陆棉、钱维方（芳）、阮福、谭三、唐栋臣、汤锡、萧二、萧礼、萧义、王乐、吴勤、伍万、张活、张连、赵荣、朱恩等	钱维方主持馆务多年
第四代	曹锦泉、崔广源、陈炳棠、陈锦、陈伦、陈年柏、陈秋、陈尧、甘志成、何锦华、何祥、何镇华、何焯华、胡锦泉、黄德辉、黄文佳、黄虾、黄耀、黄镇江、霍浩林、江安、赖干清、李大辉、利锦、李秋、李日华、梁继、梁礼刚、梁明、梁树文、梁晚、梁志强、刘锦东、刘贤、龙子祥、伦枝、罗国深、马恩、聂志飞、潘成、潘松、谭飞鹏、谭添、汤利、谢辉亮、谢荣斌、褚志晖、吴伯泉、邬根、杨源、余清、张顺祥、赵幼文、周亮、周庆、朱绍英、朱三、朱伟等	

---

[1] 《佛山鸿胜馆的醒狮》，佛山鸿胜馆网站，2011 年 10 月 7 日，http：//www.hongshengguan.com/Item/69.aspx，最后访问日期：2021 年 4 月 12 日。

续表

	重要传承人	备注
第五代	陈建诚、陈锦辉、陈绍汝、邓志新、关文经、黄世海、江兴、李冠雄、李启泽、李智伟、梁旭勇、梁伟永、梁稳勇、林伟明、卢镇英、骆志洪、吕文、钱志斌、卫维庚、文汉、夏汉广、萧民龙、杨桂潮、杨君华、游景深、赵红、招培业、招志铭、郑才、周华富、朱树棠以及阿根廷奥古斯丁、埃及阿拉卡法、巴西安东尼、美国阿法琳娜、尼日利亚伊菲恩弋、西班牙佩德罗、英国尼尔维克等	
第六代	陈其联、陈中泰、杜华根、黄志远、简兆光、江北山、邝祖贤、李礼锐、李少明、李绍雄、李伟峰、李文球、李志城、梁凯坤、林锦开、麦腾龙、麦显辉、彭高超、钱雪初、孙伟波、王达谋、杨有成、袁康就、张容喜以及阿根廷荷些·路易斯、哥伦比亚赫路·罗拔士、雅华路·尼奥、美国梅伟大、委内瑞拉勒沙利奥·迪亚斯、亚乌哈利·安蒂夫、智利胡安·卡洛斯等	

注：谭力、谭立或系同一人，待核实。因材料不全，间有错讹与遗漏，待后补。

资料来源：综合《佛山鸿胜馆成立一百六十周年纪念特刊》（2011年）、《宗师张公鸿胜（一百九十周年宝诞纪念特刊)》（2014年）等材料整理而来。

　　由于特殊的历史原因，佛山鸿胜馆派下的蔡李佛门人在不同时代前往海外设馆授徒，为蔡李佛拳的世界传播做出了重要贡献。20世纪90年代以来，特别是1998年佛山鸿胜馆复馆以来，海外蔡李佛弟子尤其是佛山鸿胜馆派下传人每年都组团前来佛山鸿胜馆进行交流。2001年、2006年、2011年、2016年，佛山鸿胜馆先后组织了四次世界蔡李佛同门恳亲祭祖大会，每次活动都有40多个国家近千人参加。大家欢聚一堂，共叙情谊，祭祀先烈，缅怀历史，举杯畅谈，共图发展。由于特殊的武缘关系，佛山鸿胜馆在联络华人情谊、对外民间交往、推动中国与世界各国文化联系等方面发挥了重要作用，越来越受到社会各界的广泛关注与赞誉。

　　此外，由于练习武术免不了跌打损伤，从创馆以来，佛山鸿胜馆历代门人均重视正骨、推拿、膏药、补品等方面的医术学习，积累了大量有关跌打治疗、骨伤治疗、膏药熬制、药酒制造等方面的医术与秘方。在抗日战争期间，鸿胜馆三传弟子李广海曾以此医术治疗游击队伤员，新中国成立后担任

佛山中医院首任院长。① 时至今日，鸿胜传人先后开办了蔡李佛鸿胜武术跌打推拿馆、德荣药业有限公司、佛山市鸿胜堂生物科技有限公司、武汉彩芝堂生物医药有限公司等经济实体，从事医武结合、以医弘武的工作，在武术溢出产业方面进行了有益探索，并获得了巨大成功。

三　佛山鸿胜馆的经验与启发

佛山鸿胜馆是一家拥有约 170 年历史的传统武馆，蔡李佛拳是岭南地区非常流行的传统武术运动项目。随着历史的变化与社会的发展，佛山鸿胜馆不断创新发展，适应时代变化，积累了丰富的经验，对于传统武术的现代转型富有启发意义。

1. 秉持尚武精神、崇尚公义、弘扬爱国主义

止戈为武。武术的至高境界不在于斗狠逞凶，而在于通过武术锄强扶弱、主持正义，实现社会和谐与天下大同。在学习武艺的过程中，需要发挥自强不息的精神，应刻苦拼搏、锻炼意志、提高功夫、增长智慧；在掌握高超的武艺之后，要"学成文武艺，卖与帝王家"，回报社会，报效国家，实现个人的社会价值。崇尚公道、追求正义乃是尚武精神的内在属性，而这种属性的高级延展必然是爱国主义。佛山鸿胜馆历代宗师与门人弟子均能苦心习武、提高武艺、勇于担当、心系道义、保家卫国，无论是在动乱时代还是在和平年代，无论是在封建时代还是在社会主义新时代，都以国家富强、社会繁荣、民众富裕为人生奋斗目标，以武报国、以武载道，在不同时代、不同境遇中做出了自己应有的贡献，实现了个人价值与社会价值。正是由于鸿胜派下蔡李佛门弟子拥有这种尚武精神，能够与中华民族优秀传统文化的文明精髓高度契合，鸿胜派才能从古代走到如今，从传统走向现代，不断获得精神养分，永葆青春活力。

---

① 《鸿胜馆医药》，佛山鸿胜馆网站，2015 年 4 月 24 日，http：//www.hongshengguan.com/Item/174.aspx，最后访问日期：2021 年 4 月 18 日。

2. 注重传承保护、积极培育新人、推广传统武术

在世界各大古代文明中，唯有中华文明一直绵延不绝，传承至今，一个很重要的原因就是，中国人重视历史、珍视传统。这是因为传统中凝聚了古人对宇宙的理解和生存智慧。蔡李佛拳的创始人陈享先生将蔡家、李家、佛家三派拳法的精华融会贯通，在某种意义上代表了古人对于身体的认知及其操作技能，具有重要的生存意义和现实价值。与此同时，蔡李佛拳背后所承载的历史文化，拳术本身所象征的尚武精神，都是传统文化的重要组成部分。传承保护蔡李佛拳，就是要很好地传承保护拳法、拳技、拳理，学习和弘扬拳法背后的武术文化及其精神。"人能弘道，非道弘人。"武术文化的传承保护需要一代代的年轻人投身其中，为之奋斗不已。因此，积极培育新人，扩大武术人口规模至关重要。佛山鸿胜馆在佛山城乡大中小学义务教拳20多年，不计成本、不谋私利，兢兢业业地为蔡李佛拳的传承保护播撒火种，培育力量，具有重要的启发意义。

3. 坚持改革创新、与时偕行、适应社会变化

运动是世界的本质属性，变化是宇宙运行的常态。为了适应社会变化与时代发展，佛山鸿胜馆传人在传承保护蔡李佛拳的同时，不断锐意改革，与时偕行，因时而变，追求创新，在不同时代做出不同业绩。陈享创立蔡李佛拳的行为本身就是改革创新的鲜活例证。在蔡李佛拳的训练技法方面，历代鸿胜馆弟子均能根据自己的心得体会，不断改进和提升技法，创新训练方法，完善蔡李佛拳的技术体系与理论体系，使得蔡李佛拳的武学文化更为完备精到。面对风起云涌的历史变化，佛山鸿胜馆必须不断调适办馆宗旨、定位与行动指南，有时候将武馆重心放在教学上，以培养大量人才，有时候则将武馆的重心转移到参与抗日救亡的洪流中去，甚至不惜牺牲，也要做出改革与更新。随着国际环境的趋好与国家综合实力的增强，佛山鸿胜馆在传承保护与创新改革之间找到了平衡点，积极参与现代赛事的组织策划，改革旧有的传习方式，创新赛事的举办模式，充分利用新政策、新环境、新条件、新资源，开设医馆，创办企业，研发药物，以医弘武，积极联络海内外鸿胜派下弟子，整合

海内外人力资源、资本财富与智力资源，以更好地传承和发展蔡李佛拳。

参考文献

李朝旭：《岭南武术文化》，广东教育出版社，2013。

李吉远：《岭南武术文化研究》，中国社会科学出版社，2015。

附　　录

Appendix

B.10
2019~2020年中国武术发展大事记[*]

马学智 等^{**}

2019年

1月

19日　北京市武术运动协会第七届会员代表大会暨换届大会举行，杜德平当选会长。

19~20日　第二届"荷鲁斯杯"中埃武术散打对抗赛于埃及开罗举行。

---

*　原则上省级及以上重要武术活动均予以收录。

**　马学智，体育学博士，北京体育大学中国武术学院教授、博士生导师，研究方向为民族传统体育发展、民族传统体育历史与文化、民族传统体育竞赛与训练等。参与本报告工作的还有章王楠、白宇飞、张永宏、时婧、卞景、汪楠、牛磊、王巾轩、彭翔吉、田梦艺、朱国栋、马天平、许文、邹国俊、杜佰鸿、吴鲁梁、耿宝军、孙茗、杨普春、张含亮、李禄玉、屈燕飞、李明、杜翔、李文博、童胜玢、胡少辉、曲会林、刘聪、虞泽民、王维燕、叶梦颖、黄镇江、樊家军、谢传师、贾振东、周阳、王瑶瑶、李卫强、杜晓刚等。

2月

22～27日 第五届"莫斯科之星"国际武术比赛于莫斯科武术馆举行。包括中国内地、中国香港在内的22个国家和地区900多人参赛。

3月

3月29日～4月3日 2019年全国自由搏击锦标赛暨中国自由搏击职业联赛资格赛于广东揭阳举行。

4月

11～13日 "平凡杯"第十七届香港国际武术节于沙田马鞍山体育馆举行。

12～15日 全国武术套路冠军赛（传统项目赛区）于重庆荣昌举行。

13～14日 陕西太极文化节于渭南举行。

24～29日 全国男子武术散打锦标赛暨第十五届世界武术锦标赛选拔赛于湖北宜昌举行。

5月

5～9日 全国青少年武术套路锦标赛暨第十届亚洲青年武术锦标赛选拔赛于江西景德镇举行。

8～12日 全国青少年武术散打锦标赛于重庆荣昌举行。

11～12日 上海市中小学生武术套路锦标赛于新川中学举行。

18～19日 中国（日照）大青山第七届国际太极拳大赛于山东五莲大青山风景区举行。

21～24日 全国女子武术散打锦标赛暨第十五届世界武术锦标赛于河南洛阳举行。

23～26日 全国武术套路锦标赛（男子赛区）暨第十五届世界武术锦标赛选拔赛于江苏常熟举行。

24～26日 第四届中国·徐州"丝路汉风"国际武术大赛于徐州举行。

6月

1~2日 首届昆仑武术节暨西北武术邀请赛于青海西宁举行。

11~14日 全国武术套路锦标赛（女子赛区）暨第十五届世界武术锦标赛选拔赛于河北保定举行。

14~16日 "德山酒业"杯湖南武术节于长沙举行。

16~18日 第8届世界传统武术锦标赛于四川峨眉山举行。

24~27日 全国第二届青年运动会武术散打比赛（体校组）于山西转型综改示范区举行。

28~30日 青海省武术散打锦标赛于西宁举行。

29日 "星海杯"首届辽宁省万人太极拳展演暨第22届大连万人太极拳展演活动于全省12个分会场同步举行。

6月29日~7月1日 全国第二届青年运动会武术散打比赛（社会俱乐部组）于山西转型综改示范区举行。

30日 安徽省宿州市武术协会成立，蒋征当选为首任会长。

7月

2~3日 上海市武术（套路）锦标赛于虹口精武体育馆举行。

7月5日~8月23日 "赢动少年·心向全运"陕西省武术夏令营于西安举行。

9~17日 全国第二届青年运动会"匹克体育杯"武术套路比赛（体校组）于山西转型综改示范区举行。

12日 紫荆花国际武术公开赛于香港新蒲岗东启德体育馆举行。

12~15日 天津盘山国际武术节于天津蓟州盘山风景区举行。

14~17日 全国第二届青年运动会"匹克体育杯"武术套路比赛（社会俱乐部组）于山西转型综改示范区举行。

17~21日 全国武术散打冠军赛于重庆渝北举行。

18日 国家体育总局等14部委联合印发《武术产业发展规划（2019 –

2025 年)》。

18～21 日 青海省青少年武术套路锦标赛暨青海第五届武术套路锦标赛资格赛于青海多巴国家高原体育训练基地举行。

19～21 日 四川首届海灯武术国际演武大会暨打金章擂台赛于江油举行。"锦玉杯"第二届中国·邯郸国际武术节于邯郸举行。

20～22 日 第十六届全国武术之乡武术套路比赛于河南温县举行。

22～28 日 全国青少年武术夏令营（山西站）于繁峙举行。

23～26 日 "澳博杯"第八届澳门国际武术节暨澳门国际武道大赛于澳门理工大学举行。

23～28 日 全国青少年武术夏令营（黑龙江站）于大庆、哈尔滨举行。

26～27 日 第四届中国·台州国际武术节于浙江路桥举行。

26～28 日 首届"伏羲卦台杯"国际太极拳邀请赛于天水举行。

27～29 日 第四届黄山论剑·国际武术大赛于黄山举行。

7 月 28 日～8 月 3 日 青海青少年武术夏令营暨武术散打大集训于青海多巴国家高原体育训练基地举行。

7 月 29 日～8 月 1 日 "沙壁虎杯"陕西省青少年武术散打锦标赛于榆林举行。

7 月 29 日～8 月 5 日 "迁安杯"中国中学生武术锦标赛暨小学生夏令营于河北迁安举行。

8 月

1 日 李振亮、焦红波合编《少林武术发展史》由河南人民出版社出版发行。

1～5 日 由太极网组织的"犇手杯"第五届国际太极拳网络视频大赛顺利举行。

2～4 日 "消得快"杯第三届中国·金华国际武术节于金华举行。

4～6 日 "舒华杯"陕西省青少年武术套路锦标赛于榆林举行。

5～9 日 全国青少年武术夏令营（湖南站）于长沙举行。

6～11日　青海省首届"川商杯"武术达人赛于西宁举行。

6～12日　全国太极拳公开赛（甘肃站）·第三届崆峒武术节暨甘肃省传统武术锦标赛于平凉举行。

8～10日　第三届崆峒（国际）武术节暨甘肃省传统武术锦标赛于平凉举行。

8～11日　"杨家将杯"全国太极拳公开赛（陕西站）于神木举行。第十六届烟台国际武术节于烟台举行。

9～11日　第五届马来西亚国际武术节于吉隆坡举行，中国内地、台湾、香港共200多名运动员参赛。

10日　"啸江南"中国武术散打中外争霸赛于江苏无锡举行。

10～11日　"一带一路"新加坡国际武术文化节暨第四届新加坡国际武术邀请赛于狮城举行。

10～12日　第四届新乡南太行（同盟山）国际武术文化旅游节于河南获嘉举行。

16～18日　第十届巴蜀武术国际交流大会于四川德阳举行。

16～24日　第十届亚洲青少年武术锦标赛于文莱举行。

17日　上海优秀武术项目交流展示暨全国太极拳健康工程系列活动"中国太平杯"太极拳公开赛（上海站）于上海中医药大学举行。

17～21日　"中联永亨杯"第八届厦门国际武术大赛于集美嘉庚体育馆举行。

19～23日　第十四届香港国际武术比赛于九龙湾国际展贸中心举行。

23～29日　"方元杯"全国体育传统项目学校联赛武术于湖北黄石举行。

24日　全国"公仆杯"武术太极拳比赛于青海西宁举行。

26～27日　"岳王杯"第四届中国·青岛（莱西）国际武林大会于莱西体育馆举行。

9月

6～7日　"星盟赛城杯"2019年"上合组织"国际武术散打争霸赛于

四川阆中举行。

7~8日 全国太极拳公开赛（四川朱德故里·仪陇站）暨四川省太极拳锦标赛于四川仪陇举行。

10~15日 第十九届全国武术学校套路比赛于广东广宁举行。

16~22日 第十届中国·焦作国际太极拳交流大赛于河南焦作太极体育中心举行。

20~22日 第二届辽宁国际武术文化节暨"西岗杯"第十四届大连国际武术文化节于大连举行。

21~22日 第二届客家武术大赛于福建宁化举行。

10月

10日 湖北省南漳县武术协会成立，严大勇当选首任会长。

11~13日 "长安酒业杯"陕西省首届自由搏击比赛于陕西省体育场举行。

19日 苟仲文当选为国际武术联合会主席。

19~23日 第15届世界武术锦标赛于上海举行。

21~26日 第十九届全国武术学校散打比赛于山东郓城举行。

10月27日~11月5日 第五届中法武林大会于法国里昂举行。

28~30日 全国太极拳公开赛总决赛于陕西宝鸡举行。

29~30日 湖北省"全国武术之乡"交流比赛于丹江口举行。

11月

1~3日 第八届武当国际演武大会于湖北丹江口举行。

2~3日 宁夏青少年U系列武术套路锦标赛于银川举行。

3~4日 "精武杯"第十七届太极拳、传统武术比赛于上海虹口精武体育馆举行。国际五祖拳暨南少林传统武术大赛于福建泉州举行。

8~10日 "体育彩票杯"舟山国际武术比赛于浙江舟山举行。

9~10日 宁夏青少年武术散打公开赛于银川举行。

9~12日 全国武术套路锦标赛（太极拳赛区）于河北迁安举行。

10~12日 第五届中国－东盟武术节于广西藤县举行。

15日 河南大学武术学院成立，洪浩担任首任院长。

15~17日 海南国际旅游岛亚太国际武术公开赛于琼海举行。

23日 陕西省"奥体杯"自由搏击争霸赛于西安举行。

29日 西安高新区武术协会成立，李尔荣当选主席。

29~30日 全国武术短兵比赛于武汉体育学院举行。

11月30日~12月2日 "西凤杯"陕西省传统武术精英赛暨中国武术段位制（套路）大赛于凤翔举行。

12月

7~8日 青海省武术套路冠军赛暨青海省中国武术段位制段位考评于青海多巴国家高原体育训练基地举行。

13~18日 "奥佳华杯"第一届全国健身养生大会于福建厦门举行。

14~16日 全国武术论文报告会于湖南师范大学召开。

20~24日 第四届三亚国际武术旅游文化节于海南三亚举行。

21~22日 陕西省"奥体杯"青少年体育俱乐部武术散打联赛暨武术散打段位晋级考评竞赛于西安举行。第四届"丝绸之路·健康陕西"武术精英赛于西安举行。

25日 福建省安溪县武术协会成立，陈火裕当选为首任会长。

29日 "五里桥杯"上海市"太极之星"评选（总决赛）于黄浦区五里桥社区举行。

31日 福建省泉州市泉港区武术协会成立，邱秀松当选为首届会长。

2020年

1月

8日 国际奥委会宣布将武术列为2022年达喀尔夏季青奥会比赛项目。

8～18日 全国青少年冬令营（青海站）第二届武术冰雪冬令营于青海多巴国家高原体育训练基地举行。

11日 广东武术发展模式论坛于肇庆举行。第三届"荷鲁斯杯"中埃武术散打对抗赛于埃及开罗举行。

3月

3月20日～4月20日 中国（日照）大青山第八届国际太极拳大赛网络互动系列活动顺利举行。

4月

5～28日 上海武术云挑战举行。

4月13日～6月15日 首届全球金丝结一带一路中澳国际武术网络大赛顺利举行。

4月30日～6月30日 全国青少年武术网络大赛顺利举行。

5月

10日 广西拳击协会成立，陈艳当选为首任主席。

6月

1日 上海体育学院郭玉成主编《武术谚语辞典》由人民体育出版社发行。

5～11日 第二届甘肃省太极拳网络大赛顺利举行。

6月20日～7月19日 首届辽宁省武术网络大赛举行。

22日 广西贺州平桂区武术协会成立，王占超当选为首届会长。

25日 中国武术协会启动全球太极拳网络大赛。

7月

10日 江西赣州经济技术开发区武术运动协会成立，刘俊铨当选首任会长。

8月

8～29日 第十七届烟台国际武术节暨第三届网络武术大会举行。

9～11日 青海省第三届全民健身大会武术套路总决赛暨第六届武术套路锦标赛于西宁举行。

11～14日 "永康杯"陕西省青少年武术散打锦标赛于礼泉举行。

15～20日 陕西省青少年拳击锦标赛于榆林举行。

21日 广东省陆河县武术协会成立,朱庆怀当选为首任会长。

21～23日 第十一届巴蜀武术国际交流大会于成都举行。

22～23日 上海市武术套路锦标赛于虹口精武体育馆举行。

29～30日 宁夏全区青少年武术锦标赛(甲乙组)于银川举行。

31日 国家体育总局武术运动管理中心成立传统武术和产业发展部。

9月

1日 《河南省武术志》(上、下)由大象出版社出版发行。

3～13日 "中国体育彩票杯"山东省武术散打(甲、乙组)锦标赛于济南举行。

5日 第二届辽宁省万人太极拳展演暨第二十三届大连万人太极拳展演线上"云"直播活动于各大网络平台举行。"中国体育彩票杯"山东省第十届全民健身运动会太极拳比赛于高密举行,采用线上比赛、线下评分的模式。

9日 武术作为邀请项目进入2020伯明翰世界运动会。"中国体育彩票杯"山东省第十届全民健身运动会传统武术比赛于潍坊举行,采用线上比赛、线下评分的模式。

12日 著名武术家、北京六合拳研究会创会会长张国森先生于北京逝世,享年87岁。

16日 大连市武术协会第八届会员代表大会举行,张万祥当选协会主席。

18～22日　首届"兰玲杯"世界太极拳网络大赛顺利举行。

19日　"中康共享杯"川南五市武术散打邀请赛于四川威远举行。

22～25日　"绵山杯"山西省武术散打锦标赛于介休举行。

25～27日　宁夏青少年武术锦标赛（丙乙组）于银川举行。

9月25日～10月8日　第三届辽宁国际武术文化节暨第十五届大连国际武术文化节举办。

27～29日　"武韵中原·体彩杯"河南省第四届传统武术大赛于洛阳举行。

10月

2～5日　广东省武术套路（传统项目）锦标赛于肇庆举行。"天马武道杯"第三届西北武术节于甘肃省临夏市举行。

5～6日　第五届四川·中国古典武艺交流大赛暨四川省传统武术名人明星争霸赛于成都举行。

9～13日　朝圣敦煌——首届敦煌武术交流大赛于敦煌市月牙泉小镇举行。

14～16日　江苏省第八届全民健身运动会太极拳（传统武术）比赛于徐州举行。

14～20日　甘肃省青少年武术套路锦标赛于天祝举行。

15～18日　陕西省青少年传统武术邀请赛于西安举行。

10月15日～12月15日　中国·汤阴第四届"忠孝杯"中华武术岳家拳大赛通过线上形式举行。

23～25日　由太极网组织的"红棉杯"第六届太极拳网络视频大赛颁奖盛典暨第五届大拳师太极文化峰会于云台山举行。

23～28日　"豫记·太极"第二届云台山太极拳交流大赛于河南省修武县云台古镇举行。

23～29日　河南省武术散打锦标赛于漯河举行。

25日　"中国体育彩票杯"山东省"压油沟杯"武术套路冠军赛于临

沂举行。

26~29日 武术套路比赛动作库应用研究工作会于国家体育总局武术运动管理中心举行。

10月30日~11月2日 重庆市青少年武术散打锦标赛于荣昌举行。

31日 全国学校武术改革与发展研讨会于山西师范大学召开。

10月31日~11月1日 "武会金华 共迎亚运"第四届中国·金华国际武术节于浙江金华亚细亚大酒店举行。黑龙江省武术散打锦标赛于哈尔滨举行。海南省武术公开赛于屯昌县举行。北京市青少年武术套路锦标赛于地坛体育馆举行。

11月

1日 京津冀中国体育彩票"白石山"登山暨太极拳交流大会于河北保定白石山景区举行。

1~5日 "中国体育彩票杯"山东省"压油沟杯"武术散打冠军赛于兰陵县举行。

1~7日 辽宁省"振兴杯"青少年武术散打锦标赛于凌海市举行。

1~30日 传统武术国家队集训和传统武术搏击项目研制工作于江苏南京举行。

2~6日 "中国体育彩票杯"河南省武术套路锦标赛于宜阳县举行。

6~8日 "我要上全运""健平杯"第二届陕西省武林大会于安康举行。黑龙江省武术套路锦标赛于哈尔滨举行。

7日 中国武术九段、武林百杰、当代太极拳名家杨振铎先生于山西太原逝世,享年95岁。广西富川瑶族自治县武术协会成立,何钦辉当选为首任会长。

7~8日 湖北省体育俱乐部联(挑战)赛武术项目比赛于武汉体育馆举行。长三角"龙泉论剑"武术大赛于浙江龙泉举行。

8日 浙江省第三届乡村武林大会于新昌举行。广东省首家"功夫禁毒示范武馆"于佛山市蔡李佛拳鸿胜祖馆揭牌启动。

11~15日 广东省"中国体育彩票"青少年武术套路锦标赛于封开县举行。

12~15日 "体彩杯"内蒙古自治区青少年武术散打锦标赛于锡林郭勒举行。

12~16日 为期五天的"圆梦工程"农村未成年人体育冬令营于山西省代县体育馆举行。代县乡村学校100名学生参加。本次活动由中央文明办三局、国家体育总局青少司主办。

13~15日 第二届海南太极拳健康交流展示大会暨海南国际健康产业博览会太极健康专项活动于海南国际会展中心举行。江苏省第十届演武大会于睢宁县举行。湖南省第七届武术大赛于湘乡市举行。浙江省青少年武术套路冠军赛于桐乡举行。第五届中华武术名派名家论剑南太行于河南新乡举行。

14日 海峡两岸暨港澳民间青年中华武术（国术）交流大会于南京体育学院举行。北京市中小学生武术比赛于月坛体育馆举行。广东佛山（珠三角）第一届龙形拳公开赛于佛山市体育馆举行，来自珠三角地区25支代表队、约300名运动员参赛。亚太体育联合会总会武博联盟于河南新乡成立，马文广当选首任主席。中国南京武术精英赛于南京龙江体育馆举行。

14~15日 吉林省学生武术锦标赛于长春举行。全国智慧医养文旅博览会太极拳邀请赛于厦门举行。

15日 陈金鳌诞辰120周年纪念活动于古城西安举行。

18日 "祝桥杯"上海市第三十二届木兰拳总决赛于浦东新区举行。

18~24日 辽宁省青少年武术套路锦标赛于大石桥举行。

19日 2020年度国家社科基金重大项目立项名单公示，上海体育学院承担《中华武术通史研究与编纂》项目。

21日 云南省武术协会第四次代表大会，胡宝林再次当选主席。"广佛肇清云韶江"七市校园武术操联谊赛于广东佛山举行。

21~22日 "古川淡雅杯"四川省太极拳锦标赛暨四川省武术通段赛于邛崃市举行。贵州省第二届武林精英赛暨中国武术段位制考试活动于清镇市举行。健康中国·丝绸之路第三届传统武术精英大赛于西安举行。

22日 国家非物质文化遗产保护项目八卦掌代表性传承人李秀人所著《中华武术三字经》首发式于京举行。

24日 第三十七届国际武术联合会执行委员会会议通过视频形式召开。国际武联苟仲文主席、国际武联于再清名誉主席出席会议。

25～26日 第三届佛山武林大会2020佛山市禅城区青少年体育竞技大赛武术套路锦标赛于佛山体育馆举行，500名运动员参赛。

26～30日 第八届丽江武术文化节暨第二届丽江太极峰会于丽江和大理剑川（分会场）举行。

27日 国际武术联合会成立30周年暨第三届佛山武林大会——李小龙诞辰80周年系列活动于广东顺德开幕。

27～30日 海南国际旅游岛亚太武术公开赛于琼海举行。

11月27日～12月1日 重庆市武术散打擂台赛于梁平区举行。

28日 2020河北文化宝岛行冀台云端传统武术交流会于河北石家庄和台湾高雄通过网络"云端交流"方式同步启动。首届青甘宁（环湖赛地区）民族团结进步武术邀请赛于青海循化举行。首届中国武术文化外译与传播国际研讨会于河南工业大学举行。

28～29日 第四届珠三角地区太极拳交流大会于深圳举行。广东省首届演武大会暨中国武术段位制段位技术考评于江门市举行。江苏"灌河杯"太极拳邀请赛于灌南举行。

29日 第六届闽浙太极拳交流展演活动于福建柘荣举行。

11月30日～12月3日 重庆市大学生武术比赛于线上举行。

12月

1～2日 "日久杯"辽宁省大学生武术散打锦标赛于辽宁警察学院举行。

3～5日 湖北省第34届大学生武术套路锦标赛于武汉体育学院武当山国际武术学院举行。

4~6日 浙江省青少年武术散打冠军赛于天台县体育馆举行。江苏省首届青少年散打联赛（徐州站）于徐州举办。湖南省"公仆杯"太极拳比赛暨"太极拳＋"健康促进高峰论坛于湖南体育职业学院举行。

5日 沧州–宜兰云端武术交流互动活动圆满举行。福建省全民健身运动会（宁德赛区）传统太极拳展演活动于市体育中心举行。上海市武术散打锦标赛于普陀体育馆举行。北京第四届青少年武术超级联赛于石景山体育馆举行。广东省佛山市第三届武林大会暨第五届佛山蔡李佛功夫锦标赛于佛山体育馆举行。

5~6日 江苏省大学生武术（套路）锦标赛在扬州大学举行。

7~9日 江苏省首届青少年散打联赛（宿迁站）于宿迁举办。

8日 甘肃省武术运动协会会员代表大会暨成立大会召开，刘金恩当选为协会主席。

10~13日 海上丝绸之路（汕头）太极拳网络视频大赛举行。

12日 陕西省搏击协会第一届会员大会暨成立大会召开，梁运当选为首届主席。

12~13日 大连市东北亚搏击邀请赛暨首届大连市自由搏击锦标赛于甘井子万达广场举行。

12~15日 "荣柏杯"青岛全国武术网络邀请赛暨青岛市第21届武术锦标赛顺利举行。

12~27日 "我要上全运"陕西省自由搏击锦标赛于省体育场举行。

14~15日 内蒙古自治区学生武术锦标赛在北重三中举行。

14~16日 湖北省传统武术大赛于武当国际武术交流中心举行。

15~18日 河北省第十一届大中学生武术比赛于邯郸市第四中学举行。

15~19日 "我要上全运·汉水春杯"陕西省太极拳公开赛于宝鸡市举行。

17日 太极拳被列入联合国教科文组织批准的《人类非物质文化遗产代表作名录》。

18日 国家文化和旅游部公布第五批国家级非物质文化遗产代表性项

目名录，无极剑（天津东丽区）、贾氏青萍剑（河北黄骅市）、少北拳（辽宁锦州市）、亳州晰扬掌（安徽亳州市）、六合拳（福建）、巫家拳（湖南湘潭市）、岩鹰拳（湖南新宁县）、莫家拳（广东）、青城武术（四川成都市）、布依族武术（贵州安龙县）荣膺武术类新入选项目。

18～20日 第六届淮海经济区传统武术大赛于睢宁县举行。

19～20日 第四届中国红拳暨传统武术"非遗"保护高峰论坛于陕西省非物质文化遗产保护中心举行。东北区青少年U系列武术比赛散打系列赛于黑龙江慧闻国际文武学校举行。

19～22日 云南省第五届"华洲"杯学生武术散打冠军赛于红河举行。

20日 青海省武术协会第七次代表大会于西宁举行，张文郡当选主席。浙江省首届形意拳和心意拳交流展示大会于嘉善体育馆举行。

22日 大运河武术文化联盟在杭州揭牌。

22～25日 "平果杯"广西壮族自治区青少年拳击锦标赛在平果举行。

23日 "武韵太极·两岸同根"十堰·苗栗迎新年网上交流活动在湖北武当山和台湾苗栗县同步举办。

25日 河北省青县武术协会成立，刘连俊当选首任会长。

25～27日 重庆市自由搏击锦标赛于江津举行。

25～30日 河南省"华光"体育系列活动暨大学生线上武术比赛于河南理工大学举行。

26～27日 "般诺书院"杯第二届潇湘武术节在湖南外贸职业学院举行。

27日 陕西第五届华夏武魂少儿武术交流赛于西安举行。

29～30日 "武动三晋·交流传承"山西传统体育传承人对话系列活动于太原举行。

Abstract

With a special focus on the Chinese Wushu industry development present situation during the period of 2019 – 2020, the report keeps a record of Chinese Wushu industry before and after the happen of COVID-19 and the national people's fight against it and afterwards, trying to explore and find a suitable highly-qualified way for the further development of Chinese Wushu industry.

This book holds that, as an important component of Chinese traditional culture, Wushu has a long history, abundant cultural connotation and still be popular around modern China, which socially and culturally, plays a great role especially during the field of competitive sports, mass sports, national fitness and Health China Construction. However, there are certain shortcomings, such as insufficient marketization and standardization, weak industrial awareness, hindered institutional mechanism, inadequate products and services supply, weak competitiveness of market subject, low degree of open cooperation, imbalance of industrial structure and so on, which seriously have affected the long-term development of Chinese Wushu industry.

All the same, in the situation of social developing, market demands for Wushu sports and favorable policies from the government, Chinese Wushu industry has grown gradually, especially during the market of Wushu competition performance. At the same time, there are several construction projects such as Taijiquan Health Project of China, Promotion Project of Chinese Martial Arts Ranking System and Plan of Wushu Entering school, countryside, barracks, enterprises, factory and government office, which lay the foundation for the further development of Chinese Wushu industry. Further more, it is expected to be more active after the introduction of *the Wushu Industry Development Plan (2019 – 2025)*.

Although the COVID-19 happened in the first half of 2020 disrupted the overall development of the Wushu industry, with the staged success of fighting the epidemic, all industries have gradually restored and return to normal production, as well as Wushu events and activities since the third quarter of 2020. Wushu products and consumer market become increasingly active. Especially under the influence of the digital Internet technology, new way of consumption content and consumption appear and the contribution values of Wushu industry grows. It has laid a solid market environment and consumption foundation for the Wushu industry in the normalization of epidemic prevention and control, and lead bright prospects for further development.

The year of 2021 is not only the first year of "the fourteenth five-year plan", but also an important year for Chinese Wushu industry seizing the opportunity, facing up to the challenges and increasing income in the normalization of epidemic prevention and control of 2021. It is suggested that we should carry out all-around reform and innovation in terms of policy guidance, institutional and system reform, financial support, structural adjustment, product and services development, manufacturing, sales, and "Internet + Wushu" integrated development, in order to stimulate consumption for Wushu sports and vitality of Wushu industry, carry forward traditional Wushu culture, and promote the Health China Project and Sports Powerful Nation Strategy into realization.

Keywords: Wushu Industry; Healthy China; Leading Sports Nation

Contents

I General Report

Abstract: After investigating the general characteristics of the Wushu industry's development in our country by the time from China's reform and opening up, especially 2019 − 2020 , this paper mainly focuses on the Wushu competition performance, Wushu enterprises, social organizations of Wushu and Wushu culture construction, and compared the different situations of Wushu industry before and after the happen of COVID-19. It also analyzes and summarizes the challenges and opportunities that the Wushu industry is facing because of COVID-19, and supplies constructive suggestions to promote highly qualified development of Wushu industry in the normalization of epidemic prevention and control of 2021. Although the COVID-19 happened in the first half of 2020 disrupted the overall development of the Wushu industry, new changes based on the internal consumption drive of "Internet + Wushu" have taken place in the business contexts of Wushu products and services, creating new conditions for the structural adjustment and upgrading of the Wushu industry. Since the third quarter of 2020 , with the staged success of fighting the epidemic, all industries have gradually restored and return to normal production, as well as Wushu events and activities. Wushu   products   and   consumer   market   become   increasingly active. Especially under the influence of the digital Internet technology, new way of consumption content and consumption appear and the contribution values of Wushu industry grows, which has laid a solid market environment and consumption foundation for the Wushu industry in the post-epidemic era, and lead bright prospects for further development.

Keywords: Wushu Industry; Contests and Performances of Wushu; Products and Services of Wushu; "Internet + Wushu"

Ⅱ　Sub Reports

B.2　A Development Report on Chinese Wushu Competition Performances in 2019 −2020

Zhang Yonghong, Geng Baojun and Yu Zemin / 029

Abstract: This paper investigates the main events and contents of Chinese Wushu competition performances from 2019 to 2020, analyzes its development characteristics, and concludes that the main body of Wushu competition performances is in China with the majority of participants are Chinese. Officially led international Wushu competitions and domestic competitions and performances are in the mainstream, which exert a great influence on the development of Wushu industry, while purely commercial Wushu competitions and folk performances are still in the auxiliary position. The market environment of Wushu competition performance is still not optimistic, as the professionalization level of practitioners needs to be improved, and the industrialization of Wushu competition performance is insufficient. The happen of COVID-19 has changed the external environment and form of Wushu competitions performance, further driving the continuous reform and innovation of the integrated development of "Internet + Wushu". In the normalization of epidemic prevention and control in 2021, taking the *Wushu Industry Development Plan* (*2019 –2025*) as the policy reference, we should consolidate the basic premise of Chinese community's Wushu practice.

Taking Wushu as the starting point, we should be based on China and face the world to further promote the "going in" and "going out" of Wushu. It is necessary to establish and perfect the rules and regulations for the development of Wushu, standardize and promote Wushu organizations, and further cultivate the market environment and social force of Wushu industry. We need to improve the learning ability, change business philosophy, explore the development potential of Wushu competition performance, strengthen the industrial transformation and development of Wushu, and further enhance the industrialization level of Wushu. It is important to seize the opportunity and meet the challenge, further explore the new mode of integrating "Internet + Wushu" and innovative development under the condition of regular epidemic prevention and control, to create high-quality brand events and performances, and strengthen the Wushu competition performances.

Keywords: Wushu Competition; Wushu Performance; "Internet + Whshu" Integrated Development; Industrial Transformation

B.3 A Development Report on Chinese Wushu Enterprises in 2019 −2020

Bian Jing, Shi Jing, Yang Puchun and Qu Yanfei / 062

Abstract: This paper introduces the development status, existing problems and countermeasures of Chinese Wushu enterprises. At the present stage, martial arts enterprises continue to develop with the progress of Wushu enterprises, with an increasing trend in scale and number. New Wushu enterprises continue to be born, and a variety of business models have appeared, and some achievements have been made. However, Wushu enterprises started late, the overall scale is still very small, not dominant in sports enterprises, lack of comprehensive management talents, weak in product research and development, at the same time lack of innovation, the market is chaotic, there is no unified standards and lack of brand building. In the future development, Wushu enterprises should seize the opportunities of The New Era, broaden their ideas of development, develop new fields of Wushu market, and constantly become bigger and stronger. To cultivate a group of outstanding martial arts entrepreneurs and management talents to create a strong martial arts industry company; Strengthen the brand construction of Wushu industry, create a number of advanced Wushu enterprises, and effectively promote the development of Wushu industry.

Keywords: Wushu Enterprises; Wushu Products; Brand Culture

B.4　A Development Report on China Wushu Social
　　　Organizations in 2019 −2020

Bian Jing, Hu Shaohui and Qu Huilin / 075

Abstract: This article introduces the development status, existing problems and countermeasures of Wushu social organizations. At this stage, with the continuous expansion of the scale of Wushu social organizations, new Wushu associations have been established in various provinces, cities and counties across the country. Wushu social organizations in various regions have made great contributions to inheriting traditional Wushu, actively organizing Wushu competitions, disseminating Wushu culture, and improving the physical and mental health of the people. However, Wushu social organizations generally face problems such as tight activity funds, insufficient full-time staff, backward management methods, imperfect legal system construction, and lack of specialized sports venues. In the future development, Wushu social organizations should expand funding sources, improve organizational management, improve system construction, actively develop social public services for Wushu, explore the spread of "Internet + Wushu" culture, and continuously promote the development of the Wushu industry.

Keywords: Wushu Social Organization; Wushu Association; Wushu Culture

B.5 Chinese Wushu Culture Construction and Development
Report in 2019 −2020

Wang Nan, Wang Weiyan and Li Luyu / 088

Abstract: Wushu culture is an important part of the excellent traditional Chinese culture, it is the unity of equipment, clothing, venue, etiquette, system, spirit, behavior, including physical movements, and it is an important material to tell Chinese stories well. First, since the founding of New China, the important role of Wushu culture in national foreign exchanges were based on its time value. Combining the national policies of the new era, point out the development direction and ideal blueprint of martial arts culture, especially in the fight against COVID-19. Martial arts represented by "Ba Duan Jin" have made important contributions, has won wide praise and recognition; Secondly, in the form of communication of the martial arts culture, it is pointed out that the combination of film and television and animation stage play is a good way to expand the influence of martial arts culture. The combination of martial arts and other art forms should be expanded on this basis. At the same time, we should also strengthen the combination of martial arts and other sports, explore the innovative development path of martial arts; Third, this paper analyzes the history and status of martial arts culture from historical horizon and era horizon, it is pointed out that the protection and inheritance of the intangible cultural heritage in the martial arts field should strengthen the systematic construction. On the basis of the current solid progress in the development of the training activities, promoting "legacy" "alive", and for the contemporary development of martial arts, we should continue to promote the development of martial arts into the campus and the mass cause of martial arts, expand the martial arts population; Fourth, analyzed under the guidance of the "Belt and Road" strategy, martial arts culture is booming developed in Europe and Africa, and how to take root overseas and expand the audience has become the core problem.

Keywords: Wushu Culture; Intangible Cultural Heritage; Mass Wushu; "The Belt and Road"

Ⅲ　Special Reports

Abstract: Taijiquan has a broad base of the elderly in China. From the perspective of the integrated development of sports and elderly care, it is of great practical significance to scientifically evaluate the implementation effect of Taijiquan Health Project, so as to assess the promotion and health impact of Taijiquan among the elderly in China. Firstly, this report combs the background and current situation of Taijiquan Health Project, and points out that Taijiquan Health Project has basically achieved the four goals of the first stage, such as the construction goals of technical system, organization network, competition platform and training system. Secondly, it evaluates the implementation of Taijiquan Health Project from the promotion of Taijiquan Health Project and the effects of Taijiquan Health Project in improving the health of the elderly. Finally, this report puts forward some suggestions to further improve the popularization and quality of Taijiquan, such as strengthening the policy implementation of Taijiquan health project, further consolidating the community work related to Taijiquan, and making more use of information technologies in the promotion of Taijiquan.

Keywords: Taijiquan Health Project; Healthy Aging; Integration of Sports and Elderly Care

Abstract: Promotion and construction of Wushu ranking system is a great work and project about scientification, standardization and planification during the

process of developing Wushu. It's meaningful for optimization on future work of Wushu ranking system and Wushu industry development if you know well around the history and situation of Wushu ranking system. After representing the procedure and recent condition of Wushu ranking system, this paper suggests that it is in urgent need in enhancing the degree of standardization, emphasizing the features of knockout and strengthening the string of dissemination of Wushu ranking system in order to build the system of standardization by which maintaining the fairness, adjust the examination content by which characteristics of knockout being accented, and the Wushu ranking system be well accepted especially popular in campus.

Keywords: Chinese Wushu; Wushu Ranking System; Promotion of Wushu

Ⅳ Cases

B.8 The Industrial Development Model of Kunlun Fight and

Its Countermeasures

Bian Jing, Ma Tianping, Niu Lei and Tong Shengbin / 143

Abstract: Kunlun Fight is definitely the top fighting event in China, and has formed an industrial system with events as the core. Taking it as a case for in-depth analysis, it has a certain reference significance for understanding the development status of fighting industry, and exploring the industrialization path in line with the law of Wushu development, and improving the international influence of Wushu. This paper systematically combed the event system of Kunlun Fight, focused on the event promotion and industrialization path, and believed that Kunlun Fight has built an all-round fighting industry platform with the event as the core, formed a strong brand influence, and promoted the all-round development of China's fighting cause and China's fighting industry. It proposed that in the current stage of development, Kunlun Fight has problems such as excessive dependence on violence, entertainment and lack of cultural connotation. It suggested that Kunlun Fight should take the international route, create brand culture and optimize the event setting, management and operation.

Keywords: Kunlun Fight; Wushu; Kickboxing; Event Operation

B.9   The Cultural Inheritance and Modern Transformation of
Hongshengguan of Foshan, Guangdong

Zhang Yonghong, Zhang Hanliang and Li Wenbo / 155

Abstract: Hongshengguan is a great and famous training base on Cai-Li-Fo Boxing martial art in the city of Foshan, Guangdong Province, which has been in existence for about 170 years, and played a significantly important role during the formation and development process of Cai-Li-Fo Boxing. It has made magnificently great achievement such as training Cai-Li-Fo Boxing, holding martial art competition performances, inter-communicating descendants of Cai-Li-Fo Boxing around the world, inheriting and preserving the special intangible cultural heritage of Cai-Li-Fo Boxing and developing its red culture from the year of 1998 when Hongshengguan has been restored and reestablished. In order to adapt to the development of the times, for years, Hongshengguan has done her best to popularizing traditional martial art by strengthening her training plan, sharing and spreading her own cultural history among younger generations, preserving in reformation and innovation aiming to keep abreast of the social change on the premise of retaining the value and spirit of Chinese martial art, which is of enlightening significance.

Keywords: Hongshengguan of Foshan; Cai-Li-Fo Boxing; Wushu into the Campus; Wushu Industry

V Appendix

皮 书

智库报告的主要形式
同一主题智库报告的聚合

❖ 皮书定义 ❖

皮书是对中国与世界发展状况和热点问题进行年度监测，以专业的角度、专家的视野和实证研究方法，针对某一领域或区域现状与发展态势展开分析和预测，具备前沿性、原创性、实证性、连续性、时效性等特点的公开出版物，由一系列权威研究报告组成。

❖ 皮书作者 ❖

皮书系列报告作者以国内外一流研究机构、知名高校等重点智库的研究人员为主，多为相关领域一流专家学者，他们的观点代表了当下学界对中国与世界的现实和未来最高水平的解读与分析。截至2021年，皮书研创机构有近千家，报告作者累计超过7万人。

❖ 皮书荣誉 ❖

皮书系列已成为社会科学文献出版社的著名图书品牌和中国社会科学院的知名学术品牌。2016年皮书系列正式列入"十三五"国家重点出版规划项目；2013~2021年，重点皮书列入中国社会科学院承担的国家哲学社会科学创新工程项目。

中国皮书网

（网址：www.pishu.cn）

发布皮书研创资讯，传播皮书精彩内容
引领皮书出版潮流，打造皮书服务平台

栏目设置

◆ 关于皮书

何谓皮书、皮书分类、皮书大事记、
皮书荣誉、皮书出版第一人、皮书编辑部

◆ 最新资讯

通知公告、新闻动态、媒体聚焦、
网站专题、视频直播、下载专区

◆ 皮书研创

皮书规范、皮书选题、皮书出版、
皮书研究、研创团队

◆ 皮书评奖评价

指标体系、皮书评价、皮书评奖

◆ 皮书研究院理事会

理事会章程、理事单位、个人理事、高级
研究员、理事会秘书处、入会指南

◆ 互动专区

皮书说、社科数托邦、皮书微博、留言板

所获荣誉

◆ 2008 年、2011 年、2014 年，中国皮书
网均在全国新闻出版业网站荣誉评选中
获得"最具商业价值网站"称号；

◆ 2012 年，获得"出版业网站百强"称号。

网库合一

2014 年，中国皮书网与皮书数据库端口
合一，实现资源共享。

中国皮书网

权威报告·一手数据·特色资源

皮书数据库
ANNUAL REPORT(YEARBOOK)
DATABASE

分析解读当下中国发展变迁的高端智库平台

所获荣誉

- 2019年，入围国家新闻出版署数字出版精品遴选推荐计划项目
- 2016年，入选"'十三五'国家重点电子出版物出版规划骨干工程"
- 2015年，荣获"搜索中国正能量 点赞2015""创新中国科技创新奖"
- 2013年，荣获"中国出版政府奖·网络出版物奖"提名奖
- 连续多年荣获中国数字出版博览会"数字出版·优秀品牌"奖

成为会员

通过网址www.pishu.com.cn访问皮书数据库网站或下载皮书数据库APP，进行手机号码验证或邮箱验证即可成为皮书数据库会员。

会员福利

- 已注册用户购书后可免费获赠100元皮书数据库充值卡。刮开充值卡涂层获取充值密码，登录并进入"会员中心"—"在线充值"—"充值卡充值"，充值成功即可购买和查看数据库内容。
- 会员福利最终解释权归社会科学文献出版社所有。

数据库服务热线：400-008-6695
数据库服务QQ：2475522410
数据库服务邮箱：database@ssap.cn
图书销售热线：010-59367070/7028
图书服务QQ：1265056568
图书服务邮箱：duzhe@ssap.cn

社会科学文献出版社 皮书系列
SOCIAL SCIENCES ACADEMIC PRESS (CHINA)
卡号：396193996988
密码：

S 基本子库
UB DATABASE

中国社会发展数据库（下设 12 个子库）

整合国内外中国社会发展研究成果，汇聚独家统计数据、深度分析报告，涉及社会、人口、政治、教育、法律等 12 个领域，为了解中国社会发展动态、跟踪社会核心热点、分析社会发展趋势提供一站式资源搜索和数据服务。

中国经济发展数据库（下设 12 个子库）

围绕国内外中国经济发展主题研究报告、学术资讯、基础数据等资料构建，内容涵盖宏观经济、农业经济、工业经济、产业经济等 12 个重点经济领域，为实时掌控经济运行态势、把握经济发展规律、洞察经济形势、进行经济决策提供参考和依据。

中国行业发展数据库（下设 17 个子库）

以中国国民经济行业分类为依据，覆盖金融业、旅游、医疗卫生、交通运输、能源矿产等 100 多个行业，跟踪分析国民经济相关行业市场运行状况和政策导向，汇集行业发展前沿资讯，为投资、从业及各种经济决策提供理论基础和实践指导。

中国区域发展数据库（下设 6 个子库）

对中国特定区域内的经济、社会、文化等领域现状与发展情况进行深度分析和预测，研究层级至县及县以下行政区，涉及省份、区域经济体、城市、农村等不同维度，为地方经济社会宏观态势研究、发展经验研究、案例分析提供数据服务。

中国文化传媒数据库（下设 18 个子库）

汇聚文化传媒领域专家观点、热点资讯，梳理国内外中国文化发展相关学术研究成果、一手统计数据，涵盖文化产业、新闻传播、电影娱乐、文学艺术、群众文化等 18 个重点研究领域。为文化传媒研究提供相关数据、研究报告和综合分析服务。

世界经济与国际关系数据库（下设 6 个子库）

立足"皮书系列"世界经济、国际关系相关学术资源，整合世界经济、国际政治、世界文化与科技、全球性问题、国际组织与国际法、区域研究 6 大领域研究成果，为世界经济与国际关系研究提供全方位数据分析，为决策和形势研判提供参考。

法律声明

"皮书系列"（含蓝皮书、绿皮书、黄皮书）之品牌由社会科学文献出版社最早使用并持续至今，现已被中国图书市场所熟知。"皮书系列"的相关商标已在中华人民共和国国家工商行政管理总局商标局注册，如 LOGO（ ▋ ）、皮书、Pishu、经济蓝皮书、社会蓝皮书等。"皮书系列"图书的注册商标专用权及封面设计、版式设计的著作权均为社会科学文献出版社所有。未经社会科学文献出版社书面授权许可，任何使用与"皮书系列"图书注册商标、封面设计、版式设计相同或者近似的文字、图形或其组合的行为均系侵权行为。

经作者授权，本书的专有出版权及信息网络传播权等为社会科学文献出版社享有。未经社会科学文献出版社书面授权许可，任何就本书内容的复制、发行或以数字形式进行网络传播的行为均系侵权行为。

社会科学文献出版社将通过法律途径追究上述侵权行为的法律责任，维护自身合法权益。

欢迎社会各界人士对侵犯社会科学文献出版社上述权利的侵权行为进行举报。电话：010-59367121，电子邮箱：fawubu@ssap.cn。

社会科学文献出版社